Vogelmann | Umkämpfte Wissenschaften

[Was bedeutet das alles?]

Frieder Vogelmann

Umkämpfte Wissenschaften – zwischen Idealisierung und Verachtung

Reclam

RECLAMS UNIVERSAL-BIBLIOTHEK Nr. 14359
2023 Philipp Reclam jun. Verlag GmbH,
Siemensstraße 32, 71254 Ditzingen
Gestaltung: Cornelia Feyll, Friedrich Forssman
Druck und Bindung: Esser printSolutions GmbH,
Untere Sonnenstraße 5, 84030 Ergolding
Printed in Germany 2023

ISBN 978-3-15-014359-9

Auch als E-Book erhältlich

www.reclam.de

Inhalt

Die spontane Philosophie der Wissenschaften

Über Wissenschaften wird gestritten: über ihre Ergebnisse, ihre Methoden und ihre Praktiken. Welche ihrer Aussagen gelten, welche sind schon wieder überholt, und was ist als verbindlicher Forschungsstand anzusehen? Wie wurden die jeweiligen Ergebnisse erzielt, welche Reichweite können sie beanspruchen, und halten sie einer kritischen Überprüfung stand? Welche Probleme sollten die Wissenschaften überhaupt bearbeiten, wofür bekommen sie Ressourcen von der Gesellschaft, und welche Rolle spielen sie in der Demokratie?

Um Antworten auf diese und ähnliche Fragen wird leidenschaftlich gerungen – und das ist auch gut so. Der Streit über die Wissenschaften gehört unmittelbar zu ihnen und ist ihrer Bedeutung für die Gesellschaft angemessen. Der menschengemachte Klimawandel oder die Corona-Pandemie führen uns tagtäglich sowohl die Relevanz fundierter wissenschaftlicher Erkenntnisse vor Augen als auch die Gefahren, die aus ihrer Vernachlässigung erwachsen. Zugleich verdeutlichen beide Beispiele, wie wenig solche Streitfragen rein innerwissenschaftliche Angelegenheiten sind. Wissenschaftliche Praktiken und ihre Ergebnisse (und zu diesen gehören nicht nur Aussagen über bestehende Sachverhalte oder Zusammenhänge, sondern auch technische Apparate wie der Teilchenbeschleuniger Large Hadron Collider am europäischen Kernforschungszentrum CERN, umgestaltete Natur wie Felder voller neuer Pflanzenzüchtungen oder öffentliche Einrichtungen wie Museen und Bibliotheken) stehen inmitten politischer, ökonomischer und kultureller Auseinandersetzungen. Weder waren sie je unumstritten, noch könnten sie ohne diese Konflikte fortbestehen.

Allerdings dominiert die gegenwärtigen Kontroversen ein eigentümlich verkümmertes Verständnis von Wissenschaften. Häufig denken wir nur an einige wenige Naturwissenschaften: meist an Physik und Biologie, manchmal an Chemie oder Geologie, kaum jemals an Ökologie oder Pharmazie. Geistes- und Sozialwissenschaften wie Soziologie, Pädagogik oder Linguistik werden deutlich seltener in unsere Überlegungen eingeschlossen, und wenn, dann drängen sich Ökonomie, Jura oder Geschichte in den Vordergrund. Und schon diese Unterteilung bereitet Probleme: Ist Mathematik eine Geisteswissenschaft, weil sie keine empirische Forschung betreibt? Gehört Geschichte zu den Sozialwissenschaften?

Eine erste Verkürzung im Streit über die Wissenschaften besteht also darin, die Vielfalt wissenschaftlicher Praktiken durch eine »einseitige Diät [...] mit nur einer Art von Beispielen«[1] zu beschneiden. Eine zweite Verkürzung folgt daraus, dass wir uns allein auf die Ergebnisse der Wissenschaften konzentrieren, als ob wir sie exklusiv anhand fertiger Theorien, verfügbarer Apparate oder von allen Zweifeln befreiten Aussagen verstehen könnten. Der Mikrobiologe und Wissenschaftstheoretiker Ludwik Fleck kritisierte bereits 1929:

> Wenn von Naturwissenschaften die Rede ist, vergißt man meist, daß es eine naturwissenschaftliche, lebendige Praxis gibt und parallel eine papierene offizielle Gestalt. Diese zwei Welten sind aber oft so verschieden,

wie die Praxis der demokratischen Regierung und ihre offizielle Theorie.[2]

Selbst Wissenschaftler*innen übersehen diese ›inoffizielle‹ Seite ihres Tuns oder spalten sie von der ›eigentlichen Wissenschaft‹ ab – insbesondere dann, wenn sie Studierenden oder der Öffentlichkeit erklären, was ihrer Meinung nach unter ›Wissenschaft‹ zu verstehen ist: in Lehrbüchern, wissenschaftstheoretischen Grundlagenkursen oder populärwissenschaftlichen Sachbüchern.

Der Philosoph Louis Althusser bezeichnet all solche »(›bewußten‹ oder ›unbewußten‹) Vorstellungen, die sich die Wissenschaftler von der wissenschaftlichen Praxis der Wissenschaften und von ›der‹ Wissenschaft schlechthin machen«, als die »spontane Philosophie der Wissenschaftler«[3]. Sie enthalte sowohl Überzeugungen, die unmittelbar aus der Forschungsaktivität hervorgehen und in ihr verankert sind, als auch weitergehende Annahmen über wissenschaftliche Praktiken im Allgemeinen oder sogar über ›die Wissenschaft‹ im Ganzen. Bemerkenswerterweise seien erstere zwar besser begründet, würden aber von letzteren überformt. Deshalb spricht Althusser von einer »spontanen Ideologie der Wissenschaftler«.

Allerdings sind beide Teile nicht scharf voneinander zu trennen. Zwar gibt es Überzeugungen in der spontanen Philosophie der Wissenschaften (nicht nur, aber eben auch von Wissenschaftler*innen), die enger an die wissenschaftlichen Tätigkeiten geknüpft sind als andere, doch liegt hier ein graduelles Verhältnis vor. Zudem bedingen sich beide Teile wechselseitig: Auch eng an die wissenschaftlichen Praktiken gebundene Überzeugungen sind Interpretationen, die von den ›luftigeren‹ Überzeugungen beeinflusst werden.

Daher sollten wir nicht so schnell von Ideologie sprechen, wie Althusser es tut. Es reicht, wenn wir uns klarmachen, wie stark die spontane Philosophie der Wissenschaften die Deutungen der aus den wissenschaftlichen Praktiken hervorgehenden Überzeugungen formt, und häufig verformt.

Eine solche Deformation beherrscht die gegenwärtigen Debatten über das Verhältnis zwischen wissenschaftlichen Praktiken und demokratischer Politik. Dazu trägt vor allem bei, dass wissenschaftliche Ergebnisse von der einen Seite pauschal in Frage gestellt oder ganz ablehnt werden, weshalb sich die andere Seite zur Verteidigung ›der Wissenschaft‹ als Ganzer berufen fühlt.

Organisierte Klimawandelleugnung und ein Teil der Impfgegner*innen liefern prägnante Beispiele für die Verachtung wissenschaftlichen Wissens. Selbst in der alltäglichen Politik werden wissenschaftliche Erkenntnisse oft verdrängt, wie die Kontroverse um eine Untersuchung des systemischen Rassismus in den deutschen Sicherheitsbehörden zeigt.

Viele Akteure haben diese Missachtung scharf verurteilt. Ihre Verteidigung ›der Wissenschaft‹ läuft jedoch aufgrund ihrer spontanen Philosophie der Wissenschaften häufig darauf hinaus, wissenschaftliche Praktiken zu idealisieren und damit gegen berechtigte Kritik zu immunisieren. Die als bedroht wahrgenommene Autorität der Wissenschaften soll so wiederhergestellt werden. Doch aus dem verständlichen Bedürfnis heraus, die Wissenschaften gegen ihre Verleugnung schützen zu wollen, entwickelt sich ein für die

Wissenschaften und die Politik nicht minder gefährliches, unrealistisches Verständnis von wissenschaftlichen Praktiken, ein nostalgischer Positivismus.

Diese Konstellation ist der Wissenschaftstheorie wohlvertraut, wie ein berühmtes Gerichtsverfahren zum Kreationismus von 1981 zeigt. Anlass war die Erfindung von ›Creation Science‹. Da die US-amerikanische Verfassung es verbietet, religiöse Inhalte an staatlichen Schulen zu unterrichten, wollten die Kreationist*innen ihre Überzeugungen nicht als Religion, sondern als Wissenschaft anerkannt haben. Zu den Grundpfeilern dieser ›Wissenschaft‹ gehören in ihren Augen vor allem Annahmen wie die Schöpfung des Universums aus dem Nichts, die Unmöglichkeit, dass sich alle Lebewesen durch Mutation und natürliche Auslese aus einem gemeinsamen Ursprung entwickelt haben, dass insbesondere der Mensch nicht vom Affen abstammt sowie dass die Erde vom historischen Ereignis einer Sintflut geformt wurde und nur ca. 6000 Jahre alt ist.

Die Rechnung ging zunächst auf, denn der Bundesstaat Arkansas schrieb im »Balanced Treatment for Creation-Science and Evolution-Science Act« (kurz: Act 590) vor, dass Creation Science und Evolution Science an den Schulen gleichberechtigt zu lehren seien.

Dieser Erlass wurde im erwähnten Gerichtsverfahren für ungültig erklärt. Der zuständige Richter, William Overton, kam schnell zu dem Ergebnis, dass der Erlass die Verfassung verletze. Dem First Amendment zufolge dürfen Bundesstaaten nur säkulare Gesetze erlassen, die Religionen weder behindern noch fördern und die den Staat nicht in religiöse Kontroversen verwickeln. Act 590 hat keinen säkularen Zweck, doch Overton wollte darüber hinaus belegen, dass er auch die anderen beiden Kriterien nicht erfüllt, weil Creation Science keine Wissenschaft sei. Zur Begründung nutzte er den Kriterienkatalog für Wissenschaftlichkeit des Philosophen Michael Ruse:[4]

1. Wissenschaften orientieren sich an Naturgesetzen.
2. Wissenschaften müssen Erklärungen auf der Basis von Naturgesetzen liefern.
3. Wissenschaftliche Erklärungen und Ergebnisse können empirisch überprüft werden.
4. Wissenschaftliche Ergebnisse sind vorläufig und stellen nie das letzte Wort dar.
5. Wissenschaftliche Theorien und Ergebnisse sind falsifizierbar.

Creation Science habe keinen Platz für Naturgesetze, so der Richter, sondern nehme im Gegenteil Wunder sowie eine plötzliche Schöpfung aus dem Nichts an, mache kaum empirisch überprüfbare Vorhersagen und habe kein Interesse an einer kritischen Untersuchung und möglichen Falsifikation der eigenen Theorien. Folgerichtig erklärte Overton Act 590 für nichtig; Creation Science sei ein religiöses Dogma im säkularen Schafspelz.

So sehr Wissenschaftstheoretiker*innen das Ergebnis des Urteils begrüßten, so wenig Begeisterung verursachte seine Begründung. Der Wissenschaftstheoretiker Larry Laudan kritisierte scharf, dass Falsifizierbarkeit als Kriterium für Wissenschaftlichkeit nicht nur überholt sei, sondern auch am eigentlichen Problem vorbeigehe. Die Thesen von Creation Science ließen sich sehr gut falsifizieren – tatsächlich seien sie wiederholt falsifiziert worden. Darüber hinaus würden Naturgesetze nicht in allen Wissenschaften eine Rolle spielen (man denke an Ökonomie, Psychologie und Mathematik). Im Ergebnis werde durch das Urteil ein Zerrbild von Wissenschaften in der Öffentlichkeit zementiert: Der Sieg im Arkansas-Verfahren sei, so Laudan, »schal, da er nur erreicht wurde, indem ein falsches Klischee davon weiterverbreitet und kanonisiert wurde, was Wissenschaft ist und wie sie funktioniert.«[5]

Vor genau demselben Problem stehen wir heute: Die Idealisierung ›der Wissenschaft‹, so nachvollziehbar sie angesichts der gegen sie gerichteten Angriffe ist, propagiert eine falsche Vorstellung von wissenschaftlichen Praktiken, die deren Vielfalt, deren Geschichtlichkeit und deren Abhängigkeiten von ihren sozialen Kontexten ausblendet. Diese Überhöhung von Wissenschaften ist Wasser auf die Mühlen ihrer Verächter*innen, da keine realen wissenschaftlichen Praktiken ihr je entsprechen können.

Im Folgenden werde ich Schritt für Schritt ein anderes, realistisches Bild der Wissenschaften entwickeln. Dabei darf der Anlass für die Idealisierung nicht aus den Augen geraten. Denn es ist weiterhin notwendig, den Verächter*innen der Wissenschaften entgegenzutreten. Ich beginne daher mit drei Beispielen von Wissenschaftsfeindlichkeit (Kapitel 1) und betrachte anschließend die falsche, weil ›die Wissenschaft‹ verherrlichende Verteidigungsstrategie (Kapitel 2). Nachdem damit die Schwierigkeiten und Einsätze in der gegenwärtigen Debatte umrissen worden sind, zeichne ich mit Hilfe der Wissenschaftstheorie ein realistisches Bild wissenschaftlicher Praktiken und ihrer Ergebnisse (Kapitel 3). Anschließend begründe ich, dass dieses realistische Bild robust genug ist, um die epistemische

Autorität der Wissenschaften selbstkritisch zu verteidigen, sodass wir nicht genötigt sind, sie zu idealisieren (Kapitel 4). Abschließend ziehe ich zwei Konsequenzen in Bezug auf die Rolle wissenschaftlicher Praktiken in der Demokratie, die sich ergeben, wenn wir unsere spontane Philosophie der Wissenschaften gegen eine realistische Vorstellung eintauschen.

In diesem Essay werden also drei Kernthesen entwickelt:

1. Gegen die Idealisierung von Wissenschaft benötigen wir eine realistische Auffassung wissenschaftlicher Praktiken.
2. Gegen die Verachtung von Wissenschaft muss ein solcher Realismus ihre Ergebnisse verteidigen können, wo sie es verdienen.
3. Wer ohnehin keine der beiden Extrempositionen vertreten will, lernt eine Möglichkeit kennen, wissenschaftliche Ergebnisse begründet anzuerkennen und in demokratische Prozesse einzubeziehen, ohne auf ihre Kritik verzichten zu müssen.

1. Verachten

Die Wissenschaften haben die Wahrheit nicht gepachtet. Sie machen Fehler, reproduzieren systematische Vorurteile, und immer wieder versagen ihre internen Korrekturmechanismen. Skepsis gegenüber ihren Resultaten ist insofern angemessen und entspricht dem Selbstverständnis von Wissenschaftler*innen, die dazu ausgebildet wurden und werden, ihren Kolleg*innen auf die Finger zu schauen.

Zweifel an einzelnen Resultaten oder spezifischen Methoden ist also berechtigt. In Einzelfällen gilt das sogar für eine Ausweitung auf ganze Forschungstraditionen oder wissenschaftliche Disziplinen. Gleichwohl besteht ein Unterschied zwischen berechtigter Skepsis und der über diese hinausgehenden radikalen Verweigerung, wissenschaftliche Ergebnisse anzuerkennen, wie die folgenden drei Beispiele zeigen. Der wohl eindeutigste Fall dürfte die organisierte Leugnung des menschengemachten Klimawandels sein; anschließend geht es um Impfgegnerschaft und die politisch motivierte Verhinderung von Studien über institutionellen Rassismus in deutschen Sicherheitsbehörden. In allen drei Fällen sind politische und erkenntnis- bzw. wissenschaftstheoretische Aspekte eng miteinander verflochten, doch sind sie ebenso verschieden wie die jeweiligen organisatorischen Formen, strategischen Ziele und die Intensität der Wissenschaftsfeindlichkeit.

1.1 Organisierte Klimawandelleugnung

Man könnte sich kein besseres Beispiel für die Leugnung wissenschaftlicher Ergebnisse zum menschengemachten Klimawandel wünschen als das Grundsatzprogramm der Alternative für Deutschland (AfD) von 2016. Unter der Überschrift »Klimaschutzpolitik: Irrweg beenden, Umwelt schützen« heißt es:

> Das Klima wandelt sich, solange die Erde existiert. Die Klimaschutzpolitik beruht auf hypothetischen Klima-Modellen basierend auf computergestützten Simulationen des IPCC (»Weltklimarat«). Kohlendioxid (CO_2) ist kein Schadstoff, sondern ein unverzichtbarer Bestandteil allen Lebens.
>
> Der IPCC versucht nachzuweisen, dass die von Menschen verursachten CO_2-Emissionen zu einer globalen Erwärmung mit schwerwiegenden Folgen für die Menschheit führen. Hierzu beruft man sich auf Computermodelle, deren Aussagen durch Messungen oder Beobachtungen nicht bestätigt werden. Seit die Erde eine Atmosphäre hat, gibt es Kalt- und Warmzeiten. Wir leben heute in einer Warmzeit mit Temperaturen ähnlich der mittelalterlichen und der römischen Warmzeit. Die IPCC-Modelle können diese Klimaänderungen nicht erklären.
>
> Im 20. Jahrhundert stieg die globale Mitteltemperatur um etwa 0,8 Grad. Seit Ende der 90er Jahre des letzten Jahrhunderts gibt es jedoch im Widerspruch zu den IPCC-Prognosen keinen weiteren Anstieg, obwohl in diesem Zeitraum die CO_2-Emissionen stärker denn je gestiegen sind.

> IPCC und deutsche Regierung unterschlagen die positive Wirkung des CO_2 auf das Pflanzenwachstum und damit auf die Welternährung. Je mehr es davon in der Atmosphäre gibt, umso kräftiger fällt das Pflanzenwachstum aus.[1]

Es ist unmöglich, an dieser Stelle alle irreführenden Aussagen zu korrigieren, doch zumindest vier Punkte sollte man richtigstellen.

1. Es wurde nie bestritten, dass es auch natürliche Klimaveränderungen gibt oder dass CO_2 ein Grundbaustein des Lebens ist. Doch aus der Behauptung folgt weder, dass die derzeitige Erderwärmung allein auf nicht vom Menschen verursachte Prozesse zurückzuführen ist, noch, dass ein Übermaß von CO_2 nicht schädlich sein kann – wie ein Übermaß von Zucker, der ebenfalls lebenswichtig ist.[2]
2. Computermodelle haben sich mehrfach als zuverlässig erwiesen, etwa bei der Überprüfung des Klimas in der Vergangenheit. So sagen sie beispielsweise korrekt die globale Temperaturverringerung nach dem Ausbruch des Vulkans Pinatubo auf den Philippinen vorher.
3. Seit Ende der 1990er Jahre ist sehr wohl ein Anstieg der globalen Temperatur zu beobachten, auch wenn dessen Verneinung zu den bekanntesten und am häufigsten wiederholten Behauptungen organisierter Klimawandelleugner*innen gehört. Sie geht zurück auf die isolierte Betrachtung des sogenannten HadCRUT-Datensatzes vom Met Office Hadley Centre for Climate Science and Services sowie der Climate Research Unit an der Univer-

sity of East Anglia, der jedoch nicht alle Regionen der Erde umfasst und die Erwärmung der Ozeane außer Acht lässt, die einen Großteil der Hitze speichern. Berücksichtigt man beides, sieht man, dass sich die Erde auch nach 1998 weiter erwärmt hat.
4. Der Weltklimarat (IPCC) unterschlägt in seinem Sachstandsbericht keineswegs den sogenannten CO_2-Düngeeffekt – im Gegenteil wird er ausführlich gewürdigt.[3]

Aufgrund der anhaltenden Verweigerung, auf diese Ergebnisse und die dahinterstehenden Argumente und Daten einzugehen, sowie aufgrund der dafür verwendeten rhetorischen Tricks, sprechen große Teile der Forschung inzwischen von »Klimawandelleugner*innen« statt von »Klimawandelskeptiker*innen«. Ihre Taktiken lassen sich grob in fünf Gruppen einteilen:[4]

1. *Pseudo-Expert*innen in den Debatten positionieren.* Eine wichtige Strategie der Klimawandelleugner*innen besteht darin, Zweifel am wissenschaftlichen Konsens bezüglich des menschengemachten Klimawandels zu sähen. Dabei werden nicht nur Klimawissenschaftler*innen angegriffen, sondern auch falsche Expert*innen ins Feld geführt, die meist aus anderen Fachgebieten stammen, sich aber weitreichende Urteile über die Modelle, Methoden und Daten der Klimaforschung zutrauen. Organisationen wie das Heartland Institute in den USA oder das Europäische Institut für Klima und Energie (EIKE), ein Verein mit Sitz in Jena, liefern die notwendige Infrastruktur, um solche falschen Experten aufzubauen und in der Öffentlichkeit zu platzieren, um dort sys-

tematisch Zweifel an Forschungsergebnissen zu schüren, die innerhalb der entsprechenden Wissenschaften unumstritten sind.[5]

2. *Logik-Fehler.* Rhetorische Techniken wie die irreführende Darstellung von Fakten finden sich ebenfalls im AfD-Grundsatzprogramm. Unbestritten ist, dass sich das Klima im Verlauf der Erdgeschichte immer wieder gewandelt hat oder dass CO_2 ein lebenswichtiger Stoff ist. Doch die nahegelegten Implikationen, deshalb seien der Anstieg der CO_2-Konzentration in der Atmosphäre vernachlässigbar und der derzeitige Klimawandel unabhängig vom vermehrten CO_2-Ausstoß, stellen Fehlschlüsse dar und sind angesichts der Ergebnisse der Klimawissenschaften schlicht unhaltbar.
3. *Unmögliche Erwartungen.* Die Ergebnisse der Klimawissenschaften sind, wie alle wissenschaftlichen Resultate, nicht völlig unbezweifelbar oder vollständig wahr. In den Berichten des IPCC finden sich daher stets Angaben darüber, mit welcher Sicherheit bestimmte Aussagen gemacht werden können. Beweise zu verlangen, die von solchen Unsicherheiten völlig frei sind, wie es Klimawandelleugner*innen häufig tun, verkennt, was wissenschaftliche Praktiken leisten können.
4. *Rosinenpickerei.* Für ihre irreführenden Darstellungen greifen Klimawandelleugner*innen gerne einzelne wissenschaftliche Artikel oder eine einzelne Datenquelle auf, ohne sie ins Verhältnis zur klimawissenschaftlichen Diskussion oder zu anderen Datenquellen zu setzen. Die Behauptung der AfD, seit Ende der 1990er Jahre sei keine globale Erwärmung mehr feststellbar, bietet ein eindrückliches Beispiel für diese Art selektiver Akzep-

tanz wissenschaftlicher Ergebnisse, ohne auf ihren Kontext oder ihre Weiterentwicklung einzugehen.

5. *Verschwörungstheorien.* Klimawandelleugner*innen stellen den Weltklimarat als gewaltige Verschwörung dar, um die Menschheit vom Klimawandel zu überzeugen und daher ihren politischen Empfehlungen zu folgen. Dabei fasst der Weltklimarat lediglich den jeweiligen Stand der Forschungsergebnisse aus den Klimawissenschaften zusammen. Will man sich jedoch ohne eigene Datengrundlage gegen einen anerkannten wissenschaftlichen Konsens wenden, liegt es nahe, diesen als Ergebnis einer Verschwörung zu diskreditieren, um nicht zugeben zu müssen, dass die Vielzahl an arrivierten Wissenschaftler*innen aufgrund ihrer jeweiligen Forschung zu dieser Übereinstimmung gelangen.

Wichtig ist an dieser Stelle eine Unterscheidung: Klimawandelleugner*innen sind nicht bereits all diejenigen, die sich von solchen rhetorischen Tricks überzeugen lassen. Organisierte Klimawandelleugner*innen schätzen diese Tricks gerade deshalb, weil sie wirkungsvoll und in hitzigen Diskussionen schwierig zu erkennen sind. Man sollte also nur diejenigen als Klimawandelleugner*innen bezeichnen, die diese Tricks strategisch einsetzen.

Damit wird auch deutlich, dass Klimawandelleugnung nicht aus Unwissenheit betrieben wird, sondern aus handfesten politischen und ökonomischen Motiven und in vollem Bewusstsein, sich damit gegen den Konsens zu stellen, der in den Klimawissenschaften herrscht. Aufklärung über diesen Konsens und die Propagandatechniken von Klimawandelleugner*innen kann nur darauf hoffen, ihre Adressat*innen besser gegen diese ›Argumente‹ zu wappnen, nicht aber darauf, die Leugner*innen selbst zu überzeugen.

Aus erkenntnis- bzw. wissenschaftstheoretischer Perspektive ist das Leugnen des Klimawandels in zwei Hinsichten interessant: Einerseits wirft es die Frage auf, ab wann berechtigte Skepsis gegenüber den Wissenschaften in bloße Leugnung umschlägt. Andererseits müssen die Strategien aufgedeckt werden, mit denen sie ihre Unwahrheiten hervorbringt, verbreitet und wirkmächtig werden lässt. Dazu reicht es nicht aus, allein ihre Kommunikationstechniken zu kennen und gegen diese vorzugehen. Vielmehr gilt es zu verstehen, welche erkenntnistheoretischen bzw. epistemischen, aber vor allem auch, welche sozialen und politischen Faktoren den Umschlag von Wissenschaftsskepsis in -leugnung begünstigen und welche den von ihnen angerichteten Schaden vergrößern.

1.2 Impfgegnerschaft

Nachdem er begründet hat, dass der Suizid verboten ist, weil dieser die erste Pflicht des Menschen gegen sich selbst verletzt (nämlich die Pflicht zur Selbsterhaltung), stellt Immanuel Kant in der *Metaphysik der Sitten* fünf Fragen, deren Beantwortung er seinen Leser*innen überlässt. Die letzte lautet:

> Wer sich die Pocken einimpfen zu lassen beschließt, wagt sein Leben aufs Ungewisse: ob er es zwar tut, um sein Leben zu erhalten, und ist sofern in einem weit bedenklicheren Fall des Pflichtgesetzes als der Seefahrer,

welcher doch wenigstens den Sturm nicht macht, dem er sich anvertraut, statt dessen jener die Krankheit, die ihn in Todesgefahr bringt, sich selbst zuzieht. Ist also die Pockeninokulation erlaubt?[6]

Diese Frage war 1797 zugleich alt und aktuell zugleich. Alt war sie, weil es schon lange ein bäuerliches Wissen davon gab, dass eine Infektion mit den harmlosen Kuhpocken vor Erkrankungen mit den ›gefährlichen Blattern‹ (Menschenpocken) schützen konnte. Aktuell war die Frage deshalb, weil der englische Landarzt Edward Jenner (1748–1823) ein Jahr zuvor den riskanten Versuch durchgeführt hatte, den achtjährigen James Phipps mit Kuhpocken zu impfen und nach sechs Wochen mit Menschenpocken zu infizieren. Der Junge erkrankte nicht und Jenner veröffentlichte 1798 seine von der Royal Society zunächst zurückgewiesene Schrift *An Inquiry Into the Causes and Effects of the Variolæ Vaccinæ*. Ihm zu Ehren prägte Louis Pasteur später den Begriff ›Vakzinierung‹ (von lat. *vacca*, ›Kuh‹).

Kants Frage deutet an, dass die Pockenimpfung seinerzeit umstritten war. Während viele Ärzte sie begeistert als Mittel zur Ausrottung der Pocken begrüßten, verurteilten andere sie als »Brutalimpfung«[7]. Tatsächlich war das Risiko, an der Impfung zu sterben, nicht unbeträchtlich, wenngleich weitaus geringer als die Wahrscheinlichkeit, einer Erkrankung an den Menschenpocken zu erliegen. Trotzdem sollte Impfgegnerschaft die fortschreitende Erforschung neuer Impfstoffe und ihrer Anwendung ständig begleiten; sie konnte sich zwischenzeitlich auf fest institutionalisierte Vereine mit eigenen Publikationsorganen wie *Der Impfgegner* stützen.

Viele der frühen Argumente gegen eine Impfung werden heute noch vorgebracht: So sei die Impfung wirkungslos, habe schwerwiegende Nebenwirkungen, führe zu anderen Erkrankungen oder sei ein Eingriff in die körperliche Unversehrtheit. Wie bei den Impfgegner*innen des 19. Jahrhunderts gleichen sich auch die häufig antisemitischen grundierten Verschwörungstheorien, mit denen diese Gründe gegen eine Impfung teilweise großzügig angereichert werden.[8]

In dieser historischen Kontinuität steht auch jene Verschwörungstheorie, die die Corona-Impfung als Deckmantel für die von Bill Gates orchestrierte Verbreitung von Computerchips in menschlichen Körpern deuten. Wie andere solcher Geschichten muss sie nicht geglaubt werden, um als affektiver Anker nützlich zu sein, da sie Zusammenhalt gerade durch ihre Unglaubwürdigkeit und der daraus resultierenden Zurückweisung durch die Mehrheitsgesellschaft stiftet. Der Soziologe Nils Kumkar gibt deshalb »epistemologische Entwarnung«: Anders als vielfach angenommen, würden wir keine »Wahrheitskrise« erleben. Wer ›alternative Fakten‹ vorbringe, wolle keine eigene Wahrheit behaupten, sondern eine bestimmte wissenschaftliche Wahrheit unbestimmt verneinen.[9]

Doch neben dieser unbestimmten Verneinung wissenschaftlicher Ergebnisse, die auch die Klimawandelleugnung auszeichnet, zeigt sich bei den Impfskeptiker*innen ein aus wissenschafts- und erkenntnistheoretischer Perspektive durchaus interessantes Merkmal, nämlich der unbedingte Glaube an die eigene Vernunft, die jede wissenschaftliche Erkenntnis aus dem Feld schlagen könne. Eine Reihe von soziologischen Studien der ›Querdenker‹ belegt, dass diese die Wissenschaften keineswegs ablehnen, ihnen aber mit großem Misstrauen begegnen, weil sie unfrei, gekauft oder einseitig seien. Wissenschaftliche Ergebnisse würden vom Staat bestimmt, von den Pharmaunternehmen bzw. gierigen Wissenschaftler*innen verfälscht oder vom wissenschaftlichen Mainstream zensiert, sodass abweichende Erkenntnisse radikal unterdrückt würden. Für ihr ›Gegenwissen‹ erheben Impfskeptiker*innen den Anspruch, frei von diesen Verzerrungen und insofern ›wissenschaftlicher‹ als die Wissenschaften zu sein:

> Ich studiere ja und frage mich dann: Stimmt die Statistik? Wo haben die das her? Ich versuche das dann ja schon nachzuvollziehen. Beim Statistischen Bundesamt habe ich schon selbst angefangen, mir die Zahlen herauszuschreiben, Tabellen zu sehen. Ich finde, Zahlen sind sehr wichtig. Ich frage mich auch, ob sie richtig ausgelegt werden. [...] Es wird gesagt: Die Sterblichkeit ist so und so. [...] Es ist verrückt, ich habe mal so etwas gemacht: Die BASF, da habe ich mal gegoogelt – die haben ja sehr viel Mitarbeiter auf der ganzen Welt –, wie viele Fälle von Corona-Toten gab es eigentlich bei der BASF? Das hat mich einfach mal interessiert und da gab es keinen Fall. Ich habe gedacht: »Hä, ich kann das nicht verstehen mit dieser Panikmache.«[10]

Diese und ähnliche Aussagen idealisieren die Wissenschaften und werten sie gleichzeitig ab. Zwar liefern Wissenschaften die anerkannten Verfahrensweisen zur Wissensgewinnung und die Standards, denen dieses Wissen standhalten muss, doch sind ihre Erkenntnisse laut den

Impfgegner*innen derart von politischen, ökonomischen oder anderen Zwängen verfälscht, dass ihnen nicht zu trauen sei. Gerade die idealisierte Vorstellung ›echter‹ Wissenschaften erlaubt es, die real existierenden wissenschaftlichen Praktiken zu verwerfen, da sie dem Idealbild nicht entsprechen. Nicht die vielgescholtene ›Postmoderne‹ mit ihrer vermeintlichen Relativierung von Wahrheit treibt dieses Misstrauen gegenüber wissenschaftlichen Ergebnissen an, sondern ein traditioneller, wenngleich übersteigerter Rationalismus.

1.3 Politisch durchgesetzte Ignoranz

Will man das ganze Spektrum von Wissenschaftsfeindlichkeit in den Blick bekommen, sollte man sich nicht mit Extremfällen wie organisierter Klimawandelleugnung oder radikaler Impfskepsis begnügen, sondern zumindest einen kurzen Blick auf die vielleicht wirksamste Variante werfen: die routinierte Verdrängung wissenschaftlicher Erkenntnisse in der Politik. Ein gutes Beispiel bietet die Weigerung, wissenschaftliche Erkenntnisse über strukturellen Rassismus in den deutschen Sicherheitsbehörden zu gewinnen. Sie wird besonders in der Diskussion über Rassismus in der Polizei sowie der mangelhaften Aufklärung der NSU-Morde sichtbar.

Im Oktober 2020 gab der damalige Bundesinnenminister Horst Seehofer bekannt, keine Studie zur systematischen Erfassung von Rassismus in den Polizeibehörden durchführen zu lassen. Stattdessen wurde im Dezember 2020 eine Studie zu »Motivation, Einstellung und Gewalt im

Polizeialltag« beauftragt. Wissenschaftlich fundierte Erkenntnisse darüber zu gewinnen, wie viele Polizist*innen rassistische Einstellungen teilen und welche institutionellen Strukturen sie begünstigen, verhindert die deutsche Bundespolitik also aktiv (anders als etwa Großbritannien, aber auch anders als einige Bundesländer). Angesichts der vielfach dokumentierten Vorfälle, die es verbieten, von Einzelfällen zu sprechen, ist dies mehr als erstaunlich – oder sollte es zumindest sein. Dass die Abschottung der Institution Polizei gegen ihre Erforschung Rückendeckung von höchster Stelle erhält, liefert ein Beispiel routinierter Wissenschaftsfeindlichkeit, die allerdings außer von den Betroffenen und der Forschungsgemeinde selten thematisiert wird.

Dabei hat sie gravierende Folgen, die über bloße Ignoranz weit hinausreichen, wie die unzureichende Aufklärung des NSU-Komplexes und vor allem der Verstrickung deutscher Sicherheitsbehörden in das Treiben des mordenden Nazi-Trios verdeutlicht. Vielleicht muss man sich noch einmal das Ausmaß des NSU-Terrors vor Augen führen:

> Im Zentrum der öffentlichen Beschäftigung mit dem NSU-Terror stehen die drei Neonazis Uwe Mundlos, Uwe Böhnhardt und Beate Zschäpe, denen der Mord an den neun Kleingewerbetreibenden Enver Şimşek, Abdurrahim Özüdoğru, Süleyman Taşköprü, Habil Kılıç, Mehmet Turgut, İsmail Yaşar, Theodoros Boulgarides, Mehmet Kubaşık, sowie der Polizistin Michelle Kiesewetter, drei Sprengstoffanschläge und zahlreiche Banküberfälle zur Last gelegt werden.[11]

Entdeckt wurde die 1999 gegründete terroristische Vereinigung ›Nationalsozialistischer Untergrund‹ (NSU) nicht von den deutschen Sicherheitsbehörden, sondern zufällig, als am 4. November 2011 die Leichen von Mundlos und Böhnhardt gefunden wurden. Am 23. Februar 2012, als Angela Merkel auf der Gedenkfeier für die Opfer Aufklärung über die Taten, die Täter*innen und ihre »Helfershelfer und Hintermänner« versprach, waren bereits große Teile der Akten im Bundesamt für Verfassungsschutz vernichtet worden, die dazu hätten beitragen können.

Der Gerichtsprozess vor dem Oberlandesgericht München, der vom 6. Mai 2013 bis zum 11. Juli 2018 stattfand, hat wenig Klarheit über das Wissen der Sicherheitsdienste und damit über deren institutionelle Verstrickung in die Taten gebracht. Das ist auch den insgesamt dreizehn parlamentarischen Untersuchungsausschüssen des Deutschen Bundestages und diverser Landtage nicht gelungen. Ungeklärt bleibt zudem, wie der NSU seine Opfer auswählte und welche lokalen Akteure aus der rechten Szene an den Tatorten eingebunden worden waren.

Unübersehbar ist jedoch, dass die verschiedenen polizeilichen Ermittlungen zu den Morden vor der Selbstenttarnung des NSU nach demselben Muster abliefen:

> Alle Hinweise auf »deutsche« Täter und ein rassistisches Motiv wurden übergangen, während allen noch so absurden oder anonymen Hinweisen auf eine angebliche Verstrickung der Opfer in die Organisierte Kriminalität, in den Drogenhandel oder das Glücksspiel nachgegangen wurde.[12]

Die fehlende Aufklärung des NSU-Komplexes führt direkt zu einem Vertrauensverlust in die deutsche Polizei und den Verfassungsschutz, nicht nur, aber vor allem bei den Angehörigen der Opfer und den migrantischen Gemeinschaften.

Seehofers Weigerung, den Rassismus in den Polizeibehörden wissenschaftlich erfassen zu lassen, erhält vor diesem Hintergrund zusätzliche Brisanz: Aus der Perspektive der politischen Epistemologie demonstriert sie, dass im alltäglichen Handeln der staatlichen Exekutive keineswegs mit wissenschaftsfreundlichem Entgegenkommen zu rechnen ist. Die »Epistemisierung des Politischen«[13] entpuppt sich in vielen Fällen als weitaus weniger tiefgreifend, als die Bezugnahmen politischer Akteure auf ›die Wissenschaft‹ vermuten lässt. Und sollten doch einmal politische Fragen in wissenschaftliche Fragen umformuliert werden, ist zumeist ein selektives Wissenschaftsverständnis am Werk, das nur ein eingeschränktes wissenschaftliches Wissen gelten lässt. Auch an solchen Stellen zeigen sich die Folgen der erwähnten ›spontanen Philosophie der Wissenschaften‹.

2. Idealisieren

Diese Formen der Wissenschaftsfeindschaft – von der direkten Verleugnung der Klimawissenschaften über die Verzerrung wissenschaftlicher Praktiken bei einem Teil der Impfskeptiker*innen bis zur Verdrängung unliebsamer Erkenntnisse in der Politik – sind nicht ohne Reaktion geblieben. Vielfach wiederholen die engagierten Stellungnahmen für die Wissenschaften allerdings den Fehler, den der Wissenschaftstheoretiker Laudan im Gerichtsverfahren um Creation Science diagnostiziert hatte: Sie präsentieren ein übertrieben idealisiertes Bild wissenschaftlicher Praktiken und überhöhen ihre epistemische Autorität dermaßen, dass sie nicht länger als Verteidigung wissenschaftlicher Praktiken dienen, sondern als Idealisierung ›der Wissenschaft‹ enden.

Ein Beispiel für diese Idealisierung liefert der March for Science, der erstmals am 22. April 2017 stattfand. Einerseits sandten die Demonstrierenden ein klares Signal gegen politische Einflussnahme auf die Wissenschaften. Organisiert nach dem Vorbild des Women's March am 21. Januar 2017, richtete sich der Protest gegen die von der Trump-Administration geplanten Kürzungen von Fördergeldern, die teilweise eindeutig darauf abzielten, missliebige oder als entbehrlich betrachtete Disziplinen (insbesondere Klima- und Geisteswissenschaften) einzuschränken. Von Anfang an bestand jedoch eine Spannung zwischen der unbestreitbar politischen Aktion – einer Demonstration – und den Bemühungen der Organisator*innen um politische Neutralität. Keineswegs sollte ›die Wissenschaft‹ politisiert werden, sondern als unpolitische, wertfreie Maschine der Wissensgewinnung, die unumstößliche Fakten liefert, auf die Straße gehen.

Diese Spannung zeigte sich auch darin, dass auf den Märschen häufig eine Vorstellung von ›der Wissenschaft‹ verbreitet wurde, die keinen Raum für die Kultur- und Sozialwissenschaften in ihrer ganzen Breite ließ, einschließlich etwa von Gender und Postcolonial Studies. Eine Reihe von Kommentator*innen kritisierte deshalb auch, dass die Marschierenden weniger für die Wissenschaften als für den »Mythos der Wissenschaft« auf die Straße gegangen seien und einen »faktenversessenen Szientismus«[1] zum Ausdruck bringen würden, der Tatsachen gegen alle wissenschaftstheoretischen und -historischen Erkenntnisse als schlicht gegeben ansieht. Der Soziologe Armin Nassehi verurteilte Slogans auf den Plakaten wie »Zu Fakten gibt es keine Alternative« oder »Habe Deine eigene Meinung, aber nicht Deine eigenen Fakten!« als »Wissenschaftskitsch«. Schließlich gehöre es zur erkenntnistheoretischen Grundausbildung aller Wissenschaften, dass das, was »Wissenschaft vorführt, [...] nicht alternativlose Fakten« sind, sondern »alternative Aussagen über jene Fakten, die Wissenschaft stets nur durch die Brille ihrer Theorien, Methoden und Verfahren sehen kann«[2].

Diese erkenntnistheoretische Reflexion als unnötige Spitzfindigkeit zu verweigern, stellt einen Grundzug dessen dar, was ich ›nostalgischen Positivismus‹ nennen möchte. ›Positivismus‹ ist ein alter, umstrittener Begriff, der von August Comte bis zum logischen Positivismus immer wieder seine Bedeutung geändert hat. Doch stets umfasst er die Annahme, dass es positiv gegebene Tatsachen gibt, die von den Wissenschaften beschrieben werden und die nicht sinnvoll hinterfragbar sind. Aufgrund dieses Minimalkonsenses definiert Jürgen Habermas bündig: »Daß wir Reflexion verleugnen, ist der Positivismus.«[3]

Als ›nostalgisch‹ bezeichne ich den gegenwärtigen Positivismus, weil er häufig mit einem Blick zurück auf Zeiten verbunden wird, in denen die Gesellschaft den (Natur-) Wissenschaften noch vertraute und in denen aufmüpfige Philosoph*innen und Sozialwissenschaftler*innen noch nicht wagten, an Begriffen wie ›Wahrheit‹ oder ›Objektivität‹ herumzukritteln. Wann auch immer dieses goldene Zeitalter unhinterfragter epistemischer Autorität gewesen sein soll, auffällig ist, dass dieser nostalgische Positivismus in den letzten Jahren besonders lautstark in den Verteidigungsschriften gegen das vermeintliche ›postfaktische Zeitalter‹ vertreten wird. Daher lässt sich diese spontane Philosophie der Wissenschaften an ihnen gut studieren (Abschnitt 2.1). Eine der beiden dafür zentralen Vorstellungen – die Einheit der wissenschaftlichen Methode – stammt aus der halbverdauten Diskussion der Frage, wie ›die Wissenschaft‹ von ›Pseudowissenschaften‹ oder ›Nicht-Wissenschaften‹ abgegrenzt werden kann. Aus diesem Grunde kann eine kurze Geschichte des sogenannten Abgrenzungsproblems helfen, eine bessere Verteidigung der Wissenschaften zu organisieren – unter der Voraussetzung, dass man das Scheitern dieser Diskussion ernst nimmt (Abschnitt 2.2). Um den zweiten Pfeiler des nostalgischen Positivismus, das Ideal wertfreier Wissenschaft wird es im dritten Kapitel gehen.

2.1 Der nostalgische Positivismus: It's the Science, Stupid!

Gegen ›gefühlte Wahrheiten‹, ›alternative Fakten‹ und sozialkonstruktivistische Wissenschaftskritik muss die wissenschaftliche Methode offensiv verteidigt werden, mitsamt der mit ihr errungenen ›harten Tatsachen‹ – so der Tenor zahlreicher Schriften, die in den letzten Jahren gegen den vermeintlichen Bedeutungsverlust von Wahrheit in einem ›postfaktischen Zeitalter‹ verfasst wurden. In ihnen ergibt sich der nostalgische Positivismus aus vier miteinander verbundenen Behauptungen:

1. Wahrheit wird ohne Diskussion als realistische Korrespondenzbeziehung zwischen Aussagen und einer von menschlichen Wünschen und Überzeugungen unabhängigen Wirklichkeit bestimmt.
2. ›Die Wissenschaft‹ wird als einheitliche Veranstaltung beschrieben (und deshalb im Singular gehalten), die sich dank ihrer Methode eindeutig gegen Pseudowissenschaften und nichtwissenschaftliches Wissen abgrenzen lässt.
3. Diese Methode garantiert zudem, dass ›die Wissenschaft‹ unbeeinflusst von politischen Konflikten, sozialen Normen oder ethischen Erwägungen bleibt; dies erlaubt es der Wissenschaft, politisch neutral und sich selbst korrigierend für ständigen Fortschritt im Wissen zu sorgen.
4. Der Verlust dieser drei Gewissheiten im ›postfaktischen Zeitalter‹ öffnet Wissenschaftsleugner*innen Tür und Tor. Es gilt daher, diesen Gewissheiten wieder zu ihrem Recht zu verhelfen.

Ein anschauliches Beispiel für diesen nostalgischen Positivismus liefert der amerikanische Wissenschaftstheoretiker Lee McIntyre in seinem Buch *Post-Truth*. Zwar spricht er sich und seine Leser*innen explizit als diejenigen an, die sich »ernsthaft um Wahrheit kümmern«[4], doch diskutiert er kaum, um was ›wir‹ uns eigentlich kümmern sollten. Als Minimalanforderung, die jeder Wahrheitsbegriff erfüllen müsse, zitiert er Aristoteles' klassische Definition von Wahrheit: »Denn zu behaupten, das Seiende existiere nicht oder das Nicht-Seiende existiere, ist falsch. Dagegen zu behaupten, dass das Seiende existiert und das Nicht-Seiende nicht existiert, ist wahr.«[5] Obwohl McIntyre einräumt, dass die Interpretation dieser Wahrheitsdefinition umstritten ist, vereindeutigt er sie sofort zu einer realistischen Korrespondenztheorie der Wahrheit (etwas ist dann wahr, wenn es mit den Tatsachen einer von menschlichen Vorstellungen unabhängigen Welt übereinstimmt) und geht im Folgenden über alle möglichen Einwände aus der angesprochenen Diskussion hinweg, als ob sie seine weiteren Ausführungen nicht beträfen. Doch das tun sie.

Die philosophische Diskussion über Wahrheit ist verwickelt. Es reicht jedoch aus, zwei Überlegungen herauszugreifen, um zu erkennen, wie fahrlässig McIntyre mit dem Begriff ›Wahrheit‹ umgeht und dass seine Position auf dieser Fahrlässigkeit beruht. Zunächst sollte man sich anhand von zwei Fragen vergegenwärtigen, wie unterschiedlich Wahrheit verstanden werden kann: Ist Wahrheit eine Beziehung bzw. eine Relation? Und falls ja: Zwischen welchen Gegenständen (im weitesten Sinne) besteht die Relation?

Versteht man Wahrheit als realistische Korrespondenz zwischen Aussagen und Welt, beantwortet man beide Fragen in einem Zug. Wahrheit wird dann als Korrespondenzbeziehung verstanden, die zwischen Aussagen und der Welt besteht, über die etwas ausgesagt wird. Der Zusatz ›realistisch‹ gibt an, dass sie zwischen Dingen aus verschiedenen Seinsbereichen (Sätzen und Elementen der nicht-sprachlichen Wirklichkeit) besteht. Wer stattdessen Wahrheit kohärenztheoretisch fasst, versteht Wahrheit zwar ebenfalls als Beziehung, aber als eine Kohärenzrelation zwischen ontologisch gleichartigen Elementen – entweder klassisch zwischen verschiedenen Aussagen oder materialistisch gewendet zwischen den Elementen sozialer Praktiken.

Sogenannte deflationistische Wahrheitstheorien verstehen Wahrheit gar nicht erst als Relation, sondern nur als Eigenschaft von Sätzen. So fasst die frühe Form der Redundanztheorie den Ausdruck »… ist wahr« als bloßes rhetorisches Mittel auf, das zur Betonung eingesetzt wird oder Wiederholungen vermeidet. Wie der Mathematiker und Philosoph Frank Ramsey ausführt, ist es unnötig, statt »Caesar wurde ermordet« zu sagen: »Es ist wahr, dass Caesar ermordet wurde.«[6] Allenfalls wird damit die Tatsache betont, ihr aber nichts Neues hinzugefügt. In anderen Fällen erspart uns »… ist wahr« Arbeit: Anstatt noch einmal zu erzählen, was Emma bereits erzählt hat, können wir sagen: »Was Emma Goldman sagt, ist wahr.« Oder sogar: »Alles, was die Anarchistin sagt, ist wahr«.

Wolfgang Künne warnt angesichts dieser Unterscheidungen davor, in dem »Slogan, dass was jemand denkt oder sagt genau dann wahr ist, wenn es mit der Realität überstimmt«[7], bereits eine Vorstellung von Wahrheit als Korrespondenz zu sehen. Alles hänge davon ab, wie wir ›übereinstimmen mit‹ interpretieren. Handelt es sich um eine echte zweistellige Relation, d. h. eine Beziehung zwischen zwei unabhängigen Entitäten? Oder sieht es nur grammatisch so aus, als ob eine solche Beziehung besteht? Künne verdeutlicht das an zwei Beispielsätzen: Aus »Ben fiel in Vergessenheit« würde niemand schließen, dass es etwas gibt, in das Ben hineinfiel – wohl aber aus »Ben fiel in den Swimmingpool«. Im zweiten Fall bezeichnet ›fiel in‹ eine echte zweistellige Relation, nicht aber im ersten Fall. Müssen wir nun Aristoteles' Definition, dass Wahrheit die Übereinstimmung von Worten oder Gedanken mit der Wirklichkeit ist, so deuten, dass die Übereinstimmung eine echte zweistellige Relation ist, oder sieht sie nur grammatisch so aus?

Für McIntyre wäre diese subtile Unterscheidung deshalb wichtig, weil er die Neuartigkeit des ›postfaktischen Zeitalters‹ darin sieht, dass die ›postfaktische‹ Ignoranz von Wahrheiten zu einem Realitätsverlust führt, zur »Infragestellung nicht nur der Idee, Wissen über die Wirklichkeit haben zu können, sondern der Existenz dieser Wirklichkeit selbst«[8]. Das ist unmittelbar einleuchtend – wenn man einen realistischen korrespondenztheoretischen Wahrheitsbegriff zugrunde legt. Wenn Wahrheit eine echte zweistellige Relation zwischen Aussagen und Wirklichkeit ist, dann verlieren wir mit der Wahrheit auch diese Wirklichkeit. Doch gilt das nicht, wenn wir Wahrheit deflationistisch interpretieren, wie etwa Ramsey als rhetorisches Mittel. Genauso wenig gilt McIntyres Schluss, wenn wir Wahrheit als Kohärenz zwischen Aussagen verstehen. Verloren geht stattdessen eine bequeme Abkürzung oder eine Form der Beurteilung unserer Aussagen. Gleichwohl können alle diese Wahrheitstheorien die aristotelische Minimalanforderung erfüllen, entsprechend der wahr ist, was mit der Wirklichkeit übereinstimmt.

Problematisch ist nicht, dass McIntyre eine realistische Korrespondenztheorie der Wahrheit vertritt, sondern dass er sie nicht gegenüber Alternativen begründet, die seine Schlussfolgerungen nicht mittragen.

Stattdessen baut McIntyre auf seinem nie explizierten realistisch-korrespondenztheoretischen Wahrheitsbegriff die Vorstellung einer einheitlichen Wissenschaft auf, die er zudem auf politisch neutrale, wertfreie empirische Forschung reduziert. Wissenschaftliche Praktiken seien wertneutral, solange alle Beteiligten ihren strengen Standards gerecht würden, zu denen insbesondere die Wiederholbarkeit experimenteller Ergebnisse und *peer review*-Prozesse (in denen wissenschaftliche Studien vor ihrer Veröffentlichung durch andere Wissenschaftler*innen begutachtet werden) gehören. Rhetorisch fragt McIntyre, wie angesichts des hohen Niveaus wissenschaftlicher Selbstüberprüfung Nicht-Wissenschaftler*innen überhaupt auf die Idee kämen, die Resultate der Wissenschaft in Zweifel zu ziehen. Letztlich, so legt er damit nahe, falle Wissenschaftskritik von außen mit Wissenschaftsleugnung in eins.

Damit fehlt von den vier Behauptungen, aus denen der nostalgische Positivismus besteht, nur noch die letzte. Nachdem McIntyre Wahrheit ohne Begründung als realistische Korrespondenz definiert und Wissenschaft als einheitliches Unternehmen der Wahrheitssuche bestimmt hat, das wertneutral vorgeht, muss er nur noch die Frage beantworten, warum diese Einsichten verlorengegangen sind. Die Antwort ist schnell gefunden: Schuld ist ›die Postmoderne‹. Nachdem er diese auf die beiden Thesen reduziert hat, es gäbe keine objektive Wahrheit und jeder Wahrheitsanspruch drücke bloß die »politische Ideologie der Person« aus, »die ihn erhebt«[9], erlaubt er »postmodernistische Kritik« dort, wo sie keinen Schaden anrichten kann:

> Wären die Postmodernisten damit zufrieden gewesen, literarische Texte oder meinetwegen die symbolische Dimension unseres kulturellen Verhaltens zu interpretieren, wäre das in Ordnung gewesen. Doch sie blieben nicht dabei. Als nächstes griffen sie die Naturwissenschaften an.[10]

McIntyre gesteht großzügig zu, dass Begriffe wie ›Wahrheit‹ oder ›Objektivität‹ kritisch diskutiert werden dürften, zieht jedoch eine rote Linie, sobald diese Kritik Folgen nach sich ziehen könnte. In diesem Falle sei die Kritik Steigbügelhalterin des postfaktischen Zeitalters.

Der Vorwurf, ›die Postmoderne‹ habe die Wahrheit abgeschafft, ist so beliebt wie falsch; sie ist »der Gegner, auf den sich alle einigen können«, wie Daniel-Pascal Zorn treffend schreibt.[11] Der Vorwurf dient als Strohmann, der wenig mit den Aussagen derjenigen zu tun hat, die unversehens in ›die Postmoderne‹ eingemeindet werden. Vor allem überschätzt diese Schuldzuschreibung den Einfluss einer intellektuellen Strömung, die sich nicht einmal an den Universitäten durchgesetzt hat, und blendet gleichzeitig die viel wichtigeren Ursachen aus, zu denen der Wandel der Medienlandschaft und insbesondere dessen ökonomische Bedingungen gehören.

Weder mit den drei Behauptungen in Bezug auf Wahrheit und Wissenschaft noch mit der abschließenden

Schuldzuweisung an die Postmoderne ist McIntyre allein; er vertritt den nostalgischen Positivismus nur besonders deutlich. Die unbegründete Definition von Wahrheit als Korrespondenz mit einer unabhängigen Wirklichkeit und den Vorwurf gegen ›die Postmoderne‹ habe ich bereits kritisiert, die beiden Thesen zur Wissenschaft nur wiedergegeben. Nicht, weil sie unwichtig wären – im Gegenteil, die beiden miteinander verknüpften Vorstellungen einer einheitlichen wissenschaftlichen Methode und der Wertfreiheit des Kerns wissenschaftlicher Praktiken beherrschen die gegenwärtige spontane Philosophie der Wissenschaften wie keine anderen. Ihnen ist die szientistische Idealisierung ›der Wissenschaft‹ im Wesentlichen anzulasten. Woher die Idee einer einheitlichen wissenschaftlichen Methode stammt und warum sie wissenschaftstheoretisch überholt ist, soll im Rückgriff auf die Diskussion über das Abgrenzungsproblem erläutert werden; auf das Ideal der wertfreien Wissenschaft gehe ich in Kapitel 3 ein.

2.2 Eine kurze Geschichte des Abgrenzungsproblems

Kaum jemand dürfte die gegenwärtige spontane Philosophie der Wissenschaft so sehr geprägt haben wie der Philosoph Karl Popper (1902–1994). Von ihm stammt auch der Begriff ›Abgrenzungsproblem‹, der die Suche nach einem Kriterium bezeichnet, um zwischen Wissenschaften und Pseudo-Wissenschaften zu unterscheiden. In seiner klassischen Fassung zielt es auf eine Bestimmung des ›Wesens der Wissenschaft‹.

Seit der sogenannten wissenschaftlichen Revolution im

17. Jahrhundert wurde die induktive Methode als das besondere Merkmal wissenschaftlichen Arbeitens angesehen. Wissenschaftler*innen sammeln Daten durch Beobachtungen oder Experimente und verallgemeinern die darin vorfindbaren Muster, bis sie eine allgemeine Theorie formulieren können. Sie schließen also induktiv von Einzelfällen auf einen allgemeinen Sachverhalt. Anschließend testen sie diese Theorie, indem sie aus ihr neue Vorhersagen ableiten und überprüfen, ob diese sich durch neue Beobachtungen oder Experimente bestätigen lassen. Im Erfolgsfall gilt die Theorie als bestätigt bzw. verifiziert.

Bereits Francis Bacon bestimmt die Wissenschaft über ihre induktive Methode; im 19. Jahrhundert bemühte sich insbesondere John Stuart Mill, die Induktion logisch präzise zu fassen und ihren epistemischen Status zu klären. Noch die logischen Empirist*innen des Wiener Kreises wie Rudolf Carnap, Rose Rand und Hans Reichenbach verstanden Anfang des 20. Jahrhunderts Wissenschaft so, dass sie mit einfachen empirischen Beobachtungen beginnt und von diesen ausgehend generalisiert, bis allgemeine Theorien formuliert und von empirisch überprüfbaren sogenannten ›Protokollsätzen‹ verifiziert werden. Spätestens am letzteren Schritt scheitern nicht- oder pseudowissenschaftliche Theorien; insofern beschreibt die induktive Methode nicht nur das wissenschaftliche Vorgehen, sondern dient auch als Abgrenzungskriterium.

An diesem Punkt entzündet sich Poppers Kritik. Induktion sei keine verlässliche Methode, weil induktive Schlüsse von einzelnen Beobachtungen auf generelle Sätze nicht wahrheitserhaltend und damit logisch ungültig seien. Selbst wenn Brot bisher stets meinen Hunger gestillt hat, könnte ich morgen feststellen, dass die Generalisierung ›Brot stillt immer meinen Hunger‹ nicht zutrifft.[12] Daher können wissenschaftliche Theorien, die allgemeine Aussagen machen, prinzipiell nicht von empirischen Beobachtungen verifiziert werden.

Doch verwendet die Wissenschaft die induktive Methode glücklicherweise gar nicht, so Popper. Sie verlässt sich stattdessen auf die hypothetisch-deduktive Methode der Falsifikation: Forscher*innen leiten möglichst kühne Hypothesen von Theorien ab und versuchen, diese empirisch zu widerlegen. Falls das gelingt, ist die Theorie, aus der die Hypothese abgeleitet wurde, falsifiziert und muss verändert oder aufgegeben werden. Misslingt der Falsifikationsversuch, hat sich die Theorie in diesem einen Fall bewährt und die Wissenschaftler*innen müssen nach neuen Falsifikationsmöglichkeiten suchen.[13] Insofern arbeiten sie deduktiv: Wenn die Hypothese H aus der Theorie T logisch abgeleitet werden kann, aber von Beobachtungen oder Experimenten widerlegt wird, müssen wir auch die Theorie verneinen. Dieser Schluss ist notwendig wahr. Zudem liefert die Methode der Falsifikation ein Abgrenzungskriterium, denn Pseudo-Wissenschaften (für Popper sind Marxismus und Psychoanalyse die beiden kanonischen Beispiele) würden sich von den Wissenschaften dadurch unterscheiden, dass ihre Theorien nicht falsifizierbar sind. Sie sind mit allen möglichen Beobachtungen vereinbar und weichen damit wissenschaftlichen Überprüfungen aus.

Schon in der Einleitung zu diesem Essay sind wir einem Problem dieses Abgrenzungskriteriums begegnet. Zwar macht der Kreationismus viele falsifizierbare Aussagen, die prinzipiell widerlegt werden können – und längst wurden.

Dennoch halten Kreationist*innen an ihren Theorien fest. Dieses Problem lässt sich mit Poppers Wissenschaftsphilosophie aber nicht in den Griff bekommen, für die allein zählt, ob eine Theorie überhaupt falsifizierbar ist, d. h. empirisch widerlegbare Aussagen abzuleiten gestattet. Nach dem Kriterium der Falsifizierbarkeit müssten wir den Kreationismus als Wissenschaft betrachten.

Neben diesem gewichtigen Problem sprechen zwei generelle Einwände gegen Falsifizierbarkeit als Abgrenzungskriterium. Logisch betrachtet, kann die hypothetisch-deduktive Methode gar nicht halten, was Popper verspricht, wie ein (vor dessen Überlegungen publiziertes) Argument des Physikers und Philosophen Pierre Duhem belegt. Experimente testen niemals nur eine Hypothese, weil deren experimentelle Überprüfung eine Vielzahl von Hilfshypothesen erfordert, beispielsweise aufgrund der in den Messapparaten verkörperten Theorien. Ein Experiment kann also nur die Gesamtheit aus Hypothese und Hilfshypothesen widerlegen; welche von ihnen falsifiziert wird, ist allein logisch nicht zu ermitteln.[14] Begrifflich kann Falsifizierbarkeit daher nicht die ihr von Popper zugewiesene Rolle spielen.

Empirisch gesehen funktionieren wissenschaftliche Praktiken ohnehin anders, denn wie Thomas Kuhn zu bedenken gibt,

> löst keine Theorie jemals alle Rätsel, mit denen sie zu einem bestimmten Zeitpunkt konfrontiert ist; auch sind die bereits erzielten Lösungen oft nicht vollkommen. Im Gegenteil, gerade die Unvollständigkeit und Unvollkommenheit der jeweiligen Übereinstimmung von Daten und Theorien definieren viele der Rätsel, welche die

> normale Wissenschaft charakterisieren. Wenn jede einzelne Nichtübereinstimmung ein Grund für die Ablehnung einer Theorie wäre, müßten alle Theorien jederzeit abgelehnt werden.[15]

Dieser empirische Einwand gegen Poppers Abgrenzungskriterium hängt nicht von Kuhns eigener, ihrerseits umstrittenen Wissenschaftstheorie ab. Ihr zufolge müssen wir zwischen Phasen normaler und revolutionärer Wissenschaft unterscheiden. Normalwissenschaft löst jene ›Rätsel‹, die sich ihr innerhalb eines geteilten Verständnisses der Aufgaben und Vorgehensweise der jeweiligen Wissenschaft (eines Paradigmas) stellen. Nur dann, wenn die Zahl der von vielen als wichtig eingeschätzten Rätsel zunimmt, die nicht mehr gelöst werden können, ohne vom Paradigma abzuweichen, wird ein Teil der Forscher*innen revolutionär und versucht sich an der Ausarbeitung eines neuen Paradigmas, das im Erfolgsfall einer wissenschaftlichen Revolution das alte Paradigma ersetzt. Auf diese Beschreibung wissenschaftlicher Arbeit aufbauend, schlägt Kuhn ein anderes Abgrenzungskriterium vor: Wissenschaften zeichnen sich demnach gegenüber Nicht- oder Pseudowissenschaften dadurch aus, dass sie als historische Traditionen lange Perioden normaler Wissenschaft im Sinne des »Lösens von Rätseln«[16] aufweisen, innerhalb derer auch Fehlschläge für die wissenschaftliche Gemeinschaft wichtige Informationen liefern. Auf diese Weise lassen sich gegenwärtige Theorien jedoch nicht klassifizieren, sondern nur die Geschichte ihrer Disziplin einschätzen.

Die philosophische Diskussion endet weder mit Kuhn noch mit Popper. Bis in die frühen 1980er Jahre wurden eine Vielzahl weiterer Vorschläge für Abgrenzungskriterien gemacht, die sich häufig bemühten, den historischen Bedenken Kuhns gerecht zu werden und dennoch mehr als einen Rückblick auf die Geschichte einer Disziplin zu bieten, nämlich Kriterien, mit denen sich gegenwärtige Forschungsprogramme beurteilen lassen.[17] Erst ein einflussreicher Artikel von Larry Laudan mit dem zugespitzten Titel »The Demise of the Demarkation Problem [Das Ableben des Abgrenzungsproblems]« stoppte die Debatte abrupt.[18] Laudan argumentiert, dass das Abgrenzungsproblem unlösbar sei, solange das gesuchte Kriterium

1. individuell notwendige und gemeinsam hinreichende Bedingungen dafür formulieren soll, ›was Wissenschaft ist‹, und zugleich
2. mehr als eine stipulative Definition von ›Wissenschaft‹ liefern soll, nämlich eine Definition, die zumindest dem größten Teil der Wissenschaftsgeschichte Rechnung tragen kann.

Beide Anforderungen hält Laudan für gut begründet, beide zusammen seien allerdings nicht erfüllbar.

Es ist selten, dass Philosoph*innen einer solchen Aufforderung tatsächlich Folge leisten und die Diskussion einstellen. Doch genau das war der Fall. Wie Michael Hagner feststellt, nimmt das Abgrenzungsproblem in der Wissenschaftstheorie inzwischen keinen prominenten Platz mehr ein; manche Einführungen erwähnen es gar nicht mehr. Zwar gibt es immer noch Versuche, Kriterien zu finden, mit denen sich Wissenschaften von Pseudowissenschaften abgrenzen lassen, doch haben sie die Form gewechselt: Sie behaupten nicht mehr, es gebe ein bestimmtes einzelnes Abgrenzungskriterium, das alle Wissenschaften erfüllen, aber keine Pseudowissenschaften. Stattdessen geben sie verschiedene Kriterien an, so dass nicht alle Wissenschaften die gleichen Eigenschaften, wohl aber eine gewisse Familienähnlichkeit untereinander aufweisen. Mit den Wissenschaften verhält es sich demnach wie mit Spielen. Wie Ludwig Wittgenstein herausgestellt hat, ist kein einzelnes Merkmal allen Spielen gemein: Manche Spiele können gewonnen werden, manche werden allein gespielt, es gibt Brettspiele, aber auch Sportspiele, usw.[19]

Andere wechseln die Richtung der Untersuchung und definieren nicht, was Wissenschaften ausmacht und wie Pseudowissenschaften davon abweichen. Vielmehr identifizieren sie Pseudowissenschaften anhand positiver Merkmale, wie etwa dem Versuch, widerstreitender Evidenz auszuweichen.[20]

Jedenfalls überwiegen in der philosophischen Debatte die Stimmen derjenigen, die nicht mehr glauben, eine einheitliche Definition von ›der Wissenschaft‹ finden zu können, um sie auf diese Weise von Nicht- und Pseudowissenschaften abzugrenzen. Das akzeptieren selbst diejenigen, die davon überzeugt bleiben, dass eine solche Abgrenzung erforderlich ist und wir gerne gute Begründungen für eine solche hätten.

In der Wissenschaftsgeschichte und -soziologie fragt man ohnehin seit längerem nicht mehr danach, welche Rationalität den Wissenschaften ihre besondere epistemische Autorität verleiht, sondern wie diese Autorität erzeugt und durchgesetzt wird. Deshalb richten Wissenschaftsgeschichte und -soziologie ihre Aufmerksamkeit auf die »Grenzarbeit [*boundary work*]«[21], die gegen rivalisierende Autoritäten geleistet werden muss und in der verschiedene Abgrenzungskriterien punktuell Anwendung finden, je nachdem, ob Disziplinen bereits etabliert sind oder ob sie sich erst noch gegen Alternativen durchsetzen müssen.

Dabei spielt es auch eine Rolle, gegen wen Grenzen gezogen werden müssen: Andere wissenschaftliche Praktiken können als ›Pseudowissenschaft‹ gebrandmarkt, politische Regulierungsversuche stattdessen mit Verweis auf die Autonomie des Erkenntnisprozesses abgewehrt werden, wie der Wissenschaftssoziologe Thomas F. Gieryn zeigt. Aus dieser Perspektive ist die philosophische Debatte um das Abgrenzungsproblem selbst Teil solcher Grenzarbeiten. Hagner vermutet mit Blick auf ihre zeitlich begrenzte Popularität, dass dies politische Ursachen hat:

> Der Aufstieg des Demarkationskriteriums, so meine These, hatte politische Gründe, die im Zeitalter der Extreme begründet liegen. Angesichts der politischen und ideologischen Verwerfungen, der vielfältigen und unübersichtlichen Vermischungen von Wissenschaft und Politik hat sich die Wissenschaftstheorie nach dem Zweiten Weltkrieg als Diskurspolizei installiert, die die Gesetze und Regeln ordentlicher wissenschaftlicher Tätigkeit definiert und dann auch noch überwacht hat.[22]

Offen bleibt aus dieser Perspektive jedoch, wie sich Wissensansprüche und verschiedene (vermeintlich) wissenschaftliche Praktiken epistemisch beurteilen lassen. Die Einsicht, dass die Suche nach einem einzigen Kriterium nicht weiterhilft, weil es der Geschichtlichkeit und der Vielfalt der Wissenschaften nicht gerecht werden kann und insofern nur einen Popanz verteidigt, stellt nur einen ersten, wenngleich wichtigen Schritt in der Diskussion dar. Der nächste Schritt muss zu einer realistischen Auffassung der Wissenschaften und zu einer selbstkritischen Verteidigungsstrategie ihrer epistemischen Autorität führen.

3. Ein realistisches Bild wissenschaftlicher Praktiken

Im Rückblick auf die Diskussion des Abgrenzungsproblems zeigt sich ein Wandel in der Wissenschaftstheorie. Nicht mehr die Einheit der Wissenschaft und ihrer Methode, ihre Uneinheitlichkeit und ihre Vielfalt werden vorausgesetzt. Der Umschwung stellt eine Hinwendung zu einer realistischen Auffassung wissenschaftlicher Praktiken dar, die jedoch einiger Erklärung bedarf. Denn wie alle interessanten Begriffe ist auch die genaue Bedeutung des Begriffes ›Realismus‹ umstritten.

In der Wissenschaftstheorie bezeichnet der Begriff häufig eine Position, der zufolge die besten wissenschaftlichen Theorien Gegenstände und Prozesse, die in einer von menschlicher Wahrnehmung und Wünschen unabhängigen Wirklichkeit existieren, zumindest annährend korrekt beschreiben.

Das mag überraschen: Muss diese scheinbar selbstverständliche Annahme eigens behauptet werden? Wäre alles andere nicht schon ein Schritt in Richtung jenes Realitätsverlusts, den die nostalgischen Positivist*innen beklagen? Es lohnt sich, kurz auf diesen sogenannten ›wissenschaftlichen Realismus‹ einzugehen und ihn mit dem hier verwendeten methodologischen Realismusbegriff zu kontrastieren. Im Zuge dessen gehe ich auch auf das in der Wissenschaftstheorie mittlerweile aufgegebene Ideal der Wertfreiheit (Abschnitt 3.1) und die überholte Frontstellung gegen den ›Sozialkonstruktivismus‹ ein (Abschnitt 3.2). Damit ist der Weg frei für eine methodologisch realistische

Wissenschaftstheorie. Für sie plädiere ich zunächst mit einem empirischen Beispiel (Abschnitt 3.3), und im Anschluss daran mit einem begrifflichen Argument für nichtsouveräne Erkenntnistheorie, auf die uns der methodologische Realismus verpflichtet (Abschnitt 3.4). Dahinter verbirgt sich mehr als ein fallibilistisches Verständnis von Wissen und Wissenschaft (also die Einsicht, dass wir uns stets irren können) – und obwohl es zunächst so scheinen mag, als müssten wir damit alle Hoffnung auf eine rationale Bewertung der epistemischen Autorität wissenschaftlicher Praktiken aufgeben, wird Kapitel 4 zeigen, dass das Gegenteil der Fall ist. Tatsächlich liefert eine nichtsouveräne Erkenntnistheorie ein einfaches, bescheidenes Abgrenzungskriterium.

3.1 Was heißt hier ›realistisch‹?

Existieren Elektronen, Gesellschaften oder Urkontinente? Diese zunächst irritierenden Fragen ergeben sich aus der Überlegung, dass mit diesen Begriffen Gegenstände bezeichnet werden, die niemand je gesehen hat. Vielmehr handelt es sich um Konzepte, die von wissenschaftlichen Theorien eingeführt werden, um bestimmte Phänomene und Prozesse zu erklären.

Zu verschiedenen Zeiten war die Existenz aller drei Theorien stark umstritten:

1. Der Physiker George Johnstone Stoney, der 1891 das Konzept ›Elektron‹ einführte, um die kleinste Einheit elektrischer Ladung zu benennen, glaubte selbst nicht an

die Existenz eines entsprechenden Teilchens. Dessen Entdeckung wird Joseph John Thomson zugeschrieben, der als erster die Masse eines Elektrons bestimmte.

2. Ebenfalls im 19. Jahrhundert setzte sich die Vorstellung durch, die Gesellschaft habe eine eigenständige Realität mit eigenen Gesetzen und benötige daher auch eine eigene Wissenschaft, nämlich die Soziologie.
3. Alfred Wegeners Theorie der Kontinentaldrift, die die Existenz von Urkontinenten und deren Auseinanderdriften behauptete, wurde 1915 belächelt und erst in den 1960er Jahren, also rund 30 Jahre nach seinem Tod, allgemein akzeptiert.[1]

Wie die Beispiele zeigen, sind Existenzannahmen umstritten. Manchmal wird die Realität der postulierten Gegenstände von Gegner*innen der Theorien bestritten, manchmal halten selbst ihre Verteidiger*innen sie nur für Konstrukte, die zur Erklärung hilfreich sind, aber nicht als solche existieren. Der wissenschaftliche Realismus behauptet in diesem Kontext, dass die von den Wissenschaften erforschte Welt unabhängig von menschlichen Wahrnehmungen oder Wünschen ist (eine metaphysische These) und dass die Begriffe wissenschaftlicher Theorien auf Elemente dieser Welt Bezug nehmen (eine semantische These), weshalb sie im Erfolgsfall Wissen von dieser Welt liefern (eine epistemische These).

Erfolg ist freilich nicht garantiert. So stellte sich heraus, dass es den Stoff ›Phlogiston‹ nicht gibt, trotz großer Erfolge der entsprechenden chemischen Theorien im 17. und 18. Jahrhundert.[2] Ein*e wissenschaftliche*r Realist*in hätte damals fälschlicherweise annehmen müssen, dass so etwas wie Phlogiston tatsächlich existiert. Sogenannte ›anti-realistische‹ Positionen in der Wissenschaftstheorie sind darum vorsichtiger und verstehen etwa die unbeobachtbaren theoretischen Begriffe wissenschaftlicher Theorien lediglich als Werkzeuge, um mit ihnen eine komplexe Wirklichkeit zu erschließen.

Der wissenschaftliche Realismus ist eine metaphysisch, semantisch und epistemisch substanzielle Position. Unabhängig davon, ob man sich ihr anschließen möchte oder nicht, geht es bei dem hier verwendeten Realismusbegriff um etwas anderes. Er stellt keine Thesen über wissenschaftliche Theorien auf, sondern fasst drei Anforderungen an die Vorgehensweise von Wissenschaftstheorie zusammen: Er verlangt, dass sie die Pluralität von Wissenschaften, die Geschichtlichkeit ihrer Praktiken und die Kontextualität der in bzw. mit diesen gewonnenen Erkenntnissen ernst nimmt.

Die ersten beiden Forderungen des methodologischen Realismus sind Lehren aus der Debatte um das Abgrenzungsproblem. Die Bemühungen um ein Kriterium, dass ›die Wissenschaft‹ mittels notwendiger und hinreichender Bedingungen von nicht- bzw. pseudowissenschaftlichen Theorien unterscheiden kann, scheiterten an der Vielfalt der Vorgehensweisen in wissenschaftlichen Praktiken. Diese Pluralität wird besonders augenfällig, wenn man die jeweilige Geschichte der wissenschaftlichen Praktiken einbezieht. Die Wissenschaftstheorie kann diese Tatsache nur um den Preis einer unrealistischen Vorstellung von ›der Wissenschaft‹ im Singular ignorieren. Wird diese idealisierte Vorstellung auch noch mit ›der Vernunft‹ verknüpft, sind alle Zutaten für eine herbe Enttäuschung versammelt, wie der Wissenschaftstheoretiker und Philosoph Ian Hacking ausführt:

> Schon seit langem haben die Philosophen aus der Wissenschaft eine Mumie gemacht. Als sie endlich den Leichnam ausgewickelt und die Überbleibsel eines historischen Vorgangs des Werdens und Entdeckens erblickt hatten, erschufen sie für sich selbst eine Rationalitätskrise. Das geschah um das Jahr 1960.[3]

Heute verbindet der nostalgische Positivismus seine idealisierte Vorstellung von ›der Wissenschaft‹ damit, eine ähnlich idealisierte Vernunft und die Zukunft der liberal-kapitalistischen Demokratie gleich mitretten zu wollen. Einer solchen erneuten Einbalsamierung der Wissenschaften sollten wir entgegentreten. Die Ehrfurcht vor ihrer Mumie mag größer sein als vor ihren lebendigen Praktiken, doch wer glaubt, Vernunft und Wissenschaft auf diese Weise die vermeintlich verloren gegangene epistemische Autorität zurückzugeben, verwechselt Einsicht mit Anbetung.

Deshalb beharrt der methodologische Realismus darauf, Wissenschaften stets als vielfältig und in komplexen Geschichten entstanden zu verstehen, und versperrt mit seiner dritten Anforderung, die Kontextualität wissenschaftlicher Erkenntnisse anzuerkennen, den Fluchtweg in die Idealisierung. Denn eine naheliegende Erwiderung auf den methodologischen Realismus besteht darin, dass die Wissenschaften zwar plural und historisch sein mögen, ihre Ergebnisse jedoch nicht. Dass es Gesellschaften, Urkontinente und Elektronen gibt, seien Wahrheiten, deren Entdeckung zwar historisch bedingt sei, deren Geltung davon jedoch nicht berührt werde. Diese Geltung sei so wenig an unsere wissenschaftlichen Praktiken gebunden wie die Gesetze der Schwerkraft oder der Bodenerosionsprozesse.

Trennt man scharf zwischen der Genesis und der Geltung von Aussagen, zwischen dem Entdeckungskontext und dem Rechtfertigungskontext wissenschaftlicher Behauptungen, also letztlich zwischen den sozialen Praktiken, in denen wir auf bestimmte Sachverhalte stoßen und diese in wissenschaftliche Aussagen kleiden, sowie der Wahrheit dieser Aussagen, dann fällt es leicht, die Pluralität und Historizität wissenschaftlicher Praktiken zu ignorieren. Tatsächlich ist diese Unterscheidung eine der wichtigsten Zutaten für die erste Einbalsamierung der Wissenschaft.[4] Denn zusammen mit der Differenzierung zwischen epistemischen und nicht-epistemischen Werten hilft sie entscheidend dabei, das Ideal wertfreier Wissenschaft zu verteidigen. So lässt sich behaupten, dass ethische Normen, politische und ökonomische Interessen oder soziale Konflikte zwar im Entdeckungskontext Einfluss darauf haben (dürfen), welche Fragen wie erforscht werden, dass aber der Rechtfertigungskontext, in dem Hypothesen und Theorien begründet, überprüft und gegebenenfalls widerlegt werden, frei von diesen bleiben muss. Nur epistemische Werte wie Einfachheit, Genauigkeit oder Erklärungsreichweite dürfen zum Zuge kommen.

Das Ideal wertfreier Wissenschaft stellte für lange Zeit die Standardauffassung in der Wissenschaftstheorie dar. Heute ist stattdessen Konsens, dass wissenschaftliche Praktiken auf nicht-epistemische Werte angewiesen sind und diese auch nicht automatisch die Objektivität wissenschaftlichen Wissens bedrohen. Schon vor über einem Jahrzehnt fasste der Wissenschaftstheoretiker Philip Kitcher, dem man kaum vorwerfen kann, radikale Positionen in der Wissenschaftstheorie zu beziehen, den Diskussionsstand folgendermaßen zusammen:

> Auf der Wertfreiheit wissenschaftlicher Forschung zu insistieren, ist unter Wissenschaftler*innen, Journalist*innen und in der Öffentlichkeit verbreitet. Einstmals war es ebenfalls unter denen populär, die die Wissenschaften studieren – Historiker*innen, Philosoph*innen und Soziolog*innen. Neuere Untersuchungen der Praktiken von Wissenschaftler*innen in Vergangenheit und Gegenwart haben die dominierende Rolle aufgedeckt, die verschiedene Arten von Werten in ihren Urteilen und Forschungen häufig gespielt haben. [...] Angesichts der wachsenden Sammlung von Belegen ist das Ideal [wertfreier Wissenschaft] verdächtig geworden: nicht nur, weil viele einzelne Wissenschaftler*innen dem Standard der Wertfreiheit nicht gerecht werden, sondern weil sie ihm nicht gerecht werden können – und deshalb auch nicht sollten.[5]

Drei breite Argumentationsstränge haben zu diesem Umschwung geführt.

1. Eine Reihe von Argumenten untergräbt die Trennung zwischen Entdeckungs- und Rechtfertigungskontext, indem sie zeigen, dass selbst die logisch-begriffliche Abwägung von Theorien und Hypothesen nie ohne Rückgriff auf den sozialen Kontext auskommt. Ob eine Theorie Anschlussforschung ermöglicht, spielt ebenso eine Rolle bei ihrer Bewertung wie die Risikobeurteilung von akzeptier-

ten, aber falschen, oder zurückgewiesenen, aber zutreffenden Hypothesen: Kitcher erinnert an die berechtigte Forderung von AIDS-Aktivist*innen, Blindversuche frühzeitig abzubrechen, nachdem sich ein experimentelles Medikament als sehr wirkungsvoll erwiesen hatte und es schweres Leid bedeutet hätte, es den Patient*innen in der Kontrollgruppe, die nicht mit dem Mittel behandelt wurden, sondern ein Placebo erhielten, weiter vorzuenthalten.

2. Unter Druck geraten ist auch die scharfe Unterscheidung zwischen epistemischen Werten, die im Rechtfertigungskontext erlaubt sind, weil sie es begünstigen, Wahrheit oder wissenschaftliches Verständnis zu erlangen, und nicht-epistemischen, d. h. politischen und ethischen Werten. So demonstriert die Philosophin und Wissenschaftstheoretikerin Helen Longino, dass vermeintlich rein epistemische Werte wie ontologische Sparsamkeit von Theorien (man soll möglichst wenige Arten von Gegenständen annehmen) oder deren Konsistenz mit früheren Ergebnissen kontroverse nicht-epistemische Voraussetzungen beinhalten. Warum dürfen wir annehmen, dass das Universum – oder die von uns erforschte Nische – am besten von ontologisch einfachen Theorien beschrieben wird? In Kombination mit dem wissenschaftlichen Realismus wird aus dem epistemischen Wert von Einfachheit schnell die ontologische Annahme eines einfachen Universums. Und das zieht gewaltige Begründungslasten nach sich. Der vermeintlich rein epistemische Wert der Konsistenz mit vorhergehenden Theorien und Ergebnissen muss diese Ergebnisse als richtig voraussetzen. Die feministische Wissenschaftstheorie hat eindrucksvoll gezeigt, wie häufig dadurch androzentrische (männerzentrierte) und sexistische Erklärungen

ungeprüft fortgesetzt werden.[6] Archäologische Theorien gehen zwar davon aus, dass vor allem Frauen mit dem Sammeln und Pflegen von Pflanzen beschäftigt waren, erklärten jedoch bis vor kurzem den Übergang zur Sesshaftigkeit und zur Züchtung von Nutzpflanzen so, dass Frauen bei dieser bedeutsamen Veränderung keine aktive Rolle spielten. Entweder wurde diese Rolle Männern zugeschrieben oder als Anpassung ganz ohne menschlichen Einfluss beschrieben.[7]

3. Ein weiterer Argumentationsstrang betont die positive Rolle nicht-epistemischer Werte in wissenschaftlichen Praktiken. Einerseits sind diese notwendig, weil Evidenz allein selbst in Idealfällen nie die beste theoretische Erklärung festlegen kann. Erinnern wir uns an Duhems Argument: Experimente mögen zwar einer Hypothese widersprechen, verraten aber nie, ob sie die Hypothese selbst oder die notwendigen Hilfshypothesen falsifizieren. Nie legen uns die verfügbaren Daten auf eine einzige Theorie fest. Aufgrund dieses als ›Unterdeterminiertheit‹ bekannt gewordenen Problems müssen Wissenschaftler*innen bei der Theoriewahl zwangsläufig auf Werte zurückgreifen – und entsprechend den vorangegangenen Überlegungen handelt es sich dabei nie um rein epistemische Werte. Daraus folgt andererseits nicht, dass die Wahl einer Theorie willkürlich oder irrational vonstattengehen muss. Stattdessen verpflichtet das Argument über die Unterdeterminiertheit methodologisch strenge Wissenschaften auf die kritische Reflexion dieser Werte. Erst die Leugnung, dass nicht-epistemische Werte eine Rolle in den wissenschaftlichen Praktiken spielen, sowie die aus dieser Leugnung folgende Akzeptanz unreflektierter Werturteile nimmt Irrationalität billigend in Kauf.

3.2 Jenseits des ›Sozialkonstruktivismus‹

Folgt aus der Betonung der Pluralität und Historizität wissenschaftlicher Praktiken sowie der Abwehr einer Trennung von Entdeckungs- und Rechtfertigungskontext, dass der methodologische Realismus in einen heillosen ›Sozialkonstruktivismus‹ mündet? Oder anders ausgedrückt: Ist es angesichts der im zweiten Kapitel geschilderten Angriffe auf wissenschaftliche Erkenntnisse nicht fahrlässig, das Ideal wertfreier Wissenschaft aufzugeben?

Die Antworten darauf lauten beide Male »nein«. Als Kampfbegriff aus den 1990er Jahren ist ›Sozialkonstruktivismus‹ als Beschreibung zu ungenau und als Vorwurf unzutreffend. Zwar muss man sozialen Elementen einen wichtigen Beitrag bei der Konstruktion wissenschaftlicher Ergebnisse zuschreiben, wenn man wissenschaftliche Praktiken in ihrer Pluralität, Historizität und Kontextualität betrachtet. Doch der methodologische Realismus geht weder in Beliebigkeit und Irrationalismus auf, noch nimmt er eine strenge Zweiteilung von kontingenter, gestaltbarer Sozialität einerseits und notwendiger, unwandelbarer Natur andererseits an. Dass andere soziale Praktiken anderes Wissen produzieren, bedeutet nicht, dass irgendjemand nach Belieben entscheiden kann, welche Resultate sie liefern, oder dass materielle Umstände keine Rolle spielen. Nur bilden die materiellen Bedingungen nicht jenen Fixpunkt jenseits aller gesellschaftlichen Einflüsse, als die man sie sich so gerne vorstellt. Dass ›die Natur‹ kein unberührtes Gegenüber ›der Gesellschaft‹ ist, sollte heute selbstverständlich sein. Große Teile Europas sind Kulturlandschaften, unsere Körper werden – jedenfalls im globalen Norden – dank guter

Versorgung mit Nahrungsmitteln und immer besserer Hygiene größer und älter denn je zuvor, und der Schnee in der Antarktis enthält Mikroplastik. Wollte man überhaupt noch von ›Sozialkonstruktivismus‹ sprechen, müsste man die Betonung auf ›Konstruktion‹ legen und dürfte ›das Soziale‹ nie ohne seine Verschränkung mit ›der Natur‹ denken. Wissenschaftliches Wissen entsteht in sozialen Praktiken: Das Higgs-Boson hätten nicht ohne das enorme soziotechnische Experimentalsystem des Teilchenbeschleunigers CERN entdeckt werden können. Nur im Kontext der ab Ende der 1970er Jahre begonnenen, global arbeitsteilig organisierten Anstrengung lässt sich die 2012 getroffene Feststellung »Es gibt das (zuvor nur theoretisch postulierte) Higgs-Boson« machen – und ihre Geltung erhält sie nur dadurch, dass das Experiment wiederholt werden kann und dass weitere wissenschaftliche Praktiken anschließen können, in denen seine Ergebnisse kritisiert, weitergetragen und modifiziert werden. Das ist eine großartige Leistung – aber eine Leistung, in die an jeder Stelle soziale und materielle Elemente eng miteinander verschränkt eingehen. Dies anzuerkennen, schmälert den Erfolg jedoch nicht, ganz im Gegenteil.

Aus Sicht des methodologischen Realismus irritiert insbesondere die Unterstellung, der ›Sozialkonstruktivismus‹ würde die Konstruktionen als beliebig erzeugte und in Wirklichkeit gar nicht vorhandene Entitäten beschreiben – obwohl wir keinerlei Zweifel daran haben, das Geld, Gender oder Gesundheit existieren und nicht einfach unserer Verfügungsgewalt unterliegen, obwohl sie zweifellos sozial konstruiert sind. Ja, sie sind abhängig von der kontingenten Geschichte unserer Gesellschaft, doch dieses Schicksal teilen sie mit der ›Natur‹ – wie auch die Hoffnung, dieses Schicksal politisch gestalten zu können.

Ian Hacking hat deswegen vorgeschlagen, auf die Verwendung des Begriffs ›Sozialkonstruktivismus‹ weitgehend zu verzichten und diesen vor allem nicht im Allgemeinen zu diskutieren. Interessant seien nur spezifische Behauptungen wie »X ist sozial konstruiert« und deren Begründungen. Beziehen sich diese Konstruktionsbehauptungen auf Gegenstände der Natur-, Sozial- und Geisteswissenschaften wie etwa auf Sexualität, Bakterien, Quarks, und nehmen wir uns die Zeit, sie gründlich zu betrachten, werde klar, dass es dabei nicht um ›die Wissenschaft‹ oder ›die Wirklichkeit‹ geht, sondern um drei viel konkretere Fragen:

1. Nehmen wir an, dass wissenschaftliche Ergebnisse notwendig oder kontingent sind?
2. Glauben wir, dass die Welt ihr eigene Strukturen besitzt oder dass wir ihr Strukturen nur auferlegen, um sie zu verstehen?
3. Sind wissenschaftliche Erkenntnisse robust, weil sie auf Strukturen in der Welt Bezug nehmen, oder weil wir die Welt nach ihnen strukturieren?[8]

Hackings Vorschlag ist hilfreich, um sich vom irreführenden Begriff ›Sozialkonstruktivismus‹ zu lösen und so die erhitzten Debatten abzukühlen. Doch vernachlässigt er, dass eine bestimmte allgemeine epistemologische Position sehr wohl auf dem Spiel steht. Sie wird in der dritten Anforderung des methodologischen Realismus sichtbar, die Kontextualität wissenschaftlicher Erkenntnisse anzuerkennen, und lässt sich als Forderung nach einer nichtsouveränen Epistemologie verstehen – also nach einer Erkenntnistheorie, welche die Fiktion eines epistemisch souveränen Standpunkts aufgibt.

Der Begriff ›epistemisch souveräner Standpunkt‹ zieht bewusst eine Parallele zwischen dem politischen Konzept der Souveränität und dem epistemischen Status, der Wahrheit und Wissen für gewöhnlich zugeschrieben wird.[9] Normalerweise wird der politische Souverän als die einzig legitime Autorität verstanden, die als neutraler Dritter die Konflikte der ihm Unterworfenen abschließend entscheidet, ohne dabei jemals zu einer am Konflikt beteiligten Partei zu werden. Wahrheit denken wir uns häufig als einen solchen Souverän im Reich der Erkenntnis: Sie steht jenseits der Streitereien von Interessen und Meinungen auf einem unparteiischen Standpunkt, von dem aus sie Konflikte entscheidet. Daher beziehen wissenschaftliche Praktiken, obwohl sie manche Meinungen als wahr und andere als falsch beurteilen, mit ihren Ergebnissen keine Stellung. Sie bleiben objektiv im Sinne von unparteiisch und a-perspektivisch – und sind entsprechend dieser Vorstellung nicht in politische, ökonomische oder soziale Konflikte verwickelt. Insofern ist jede souveräne Epistemologie gezwungen, die Pluralität, Historizität und Kontextualität wissenschaftlicher Praktiken und ihrer Erkenntnisse abzustreiten. Genau aus diesem Grunde muss der methodologische Realismus auf einer nichtsouveränen Epistemologie beharren.

Das fällt leicht, da die Vorstellung eines epistemisch souveränen Standpunkts zwar populär, aber unhaltbar ist – weil ein solcher Standpunkt einfach nicht existiert. Von dieser Tatsache können wir uns auf zweierlei Weisen überzeugen: empirisch anhand einer ausführlichen exemplarischen

Beschreibung wissenschaftlicher Praktiken (Abschnitt 3.3) und begrifflich mit Argumenten aus der feministischen Wissenschaftstheorie (Abschnitt 3.4).

3.3 Wissenschaftliche Praktiken in all ihrer Pracht

Viele Fallstudien aus der Wissenschaftsgeschichte und -soziologie beschreiben die lebendige Praxis der Wissenschaften und veranschaulichen so, warum es geboten ist, einen methodologischen Realismus zu vertreten. Eine solche Fallstudie von Bruno Latour untersucht Frédéric Joliot-Curies (1900–1958) Experimente zur Kernspaltung, die 1939 in Paris kurz vor dem Zweiten Weltkrieg durchgeführt wurden.[10] Die historische Einordnung ist wichtig, denn Joliot-Curie wollte herausfinden, ob bei der Spaltung von Uran durch Neutronen weitere Neutronen freigesetzt werden und eine Kettenreaktion entsteht. Da dieses Wissen von großem militärischem Interesse war, diskutierten Wissenschaftler*innen, ob man die erzielten Ergebnisse überhaupt veröffentlichen dürfe. So hatte Leo Szilard (1898–1964) schon 1936 ein Patent für das Konzept einer Neutrino-getriebenen Kettenreaktion erhalten, hielt es jedoch geheim, weil er besorgt war, die Deutschen könnten mit diesem Wissen die erste Atombombe bauen. Praktisch erschwerte der drohende Krieg es Joliot-Curie, schweres Wasser (Deuteriumoxid) aus Norwegen sowie Uranoxid zu beschaffen, das schließlich die belgische Firma Union Minière du Haut-Katanga aus dem Kongo lieferte – was die kolonialen Verflechtungen andeutet.

Latour interessiert sich für die schrittweise Verwandlung

einer bloßen Hypothese, mit der sich Joliot-Curie sowie seine beiden wichtigsten Mitstreiter Hans Halban (1908–1964) und Lew Kowarski (1907–1979) beschäftigten, in einen anerkannten wissenschaftlichen Fakt, wie er sich in Lehrbüchern oder Lexika findet. Wissenschaftliche Praktiken produzieren solche zertifizierten Wahrheiten in einem langwierigen, aufwendigen und nicht unbedingt linear ablaufenden Prozess. Latour rekonstruiert diesen, indem er den Verlust von einschränkenden Zusätzen verfolgt, bis eine Aussage nur noch einen nackten Fakt wiedergibt:

1. »Joliot behauptet, daß jedes Neutron drei bis vier Neutronen freisetzt, aber das ist unmöglich; außerdem hat er keinerlei Beweis; er ist viel zu optimistisch; typisch für Franzosen, sie verteilen das Fell des Bären, bevor er erlegt ist; außerdem ist es äußerst gefährlich, denn wenn die Deutschen das lesen, werden sie glauben, daß dies möglich ist, und ernsthaft daran arbeiten.«
2. »Die Gruppe um Joliot scheint bewiesen zu haben, daß jedes Neutron drei Neutronen freisetzt; das ist sehr interessant.«
3. »Zahlreiche Experimente haben bewiesen, daß jedes Neutron zwischen zwei und drei Neutronen freisetzt.«
4. »Jedes Neutron setzt 2,5 Neutronen frei.«[11]

Aus einer umstrittenen Behauptung wird in vier Schritten eine Tatsache, die als solche nichts mehr von jener Arbeit erkennen lässt, die für ihre Formulierung erforderlich war und die Latour als fünf Kreisläufe analysiert, deren reibungslose Zirkulation und Koordination die Aktivitäten wissenschaftlicher Praktiken ausmachen:[12]

1. Joliot-Curie muss die Instrumente und Materialien organisieren und einbinden, die für seine Experimente erforderlich sind. Er muss also einen Teil der materiellen Welt in eine schwierig herzustellende und ebenso schwierig aufrechtzuerhaltende Konstellation bringen, damit sie für die wissenschaftliche Kontroverse relevant wird.
2. Er muss Kolleg*innen und wissenschaftliche Institutionen einbeziehen, um überhaupt eine Kontroverse führen zu können. Selbst wenn er die materielle Welt in seinem Labor so einrichten würde, dass eine Kettenreaktion abläuft, wäre diese ohne Einbindung in die wissenschaftliche Diskussion bedeutungslos.
3. Er muss Allianzen etwa mit dem Militär schmieden, um staatliche Unterstützung zur Beschaffung von schwerem Wasser zu erhalten, oder mit der belgischen Bergbaugesellschaft, um an Uranoxid heranzukommen.
4. Er muss die Öffentlichkeit für seine Forschung gewinnen, da neue wissenschaftliche Ergebnisse in die Alltagswelt eingreifen und die entsprechenden Kontroversen Rückwirkungen auf die Wissenschaften haben. Zwar haben nicht alle Forschungsarbeiten derart einschneidende Folgen wie Atombomben und -reaktoren. Doch selbst Grundlagenforschung muss ihr Anliegen verständlich machen können, vor allem dann, wenn derartige Summen wie bei der modernen Teilchenphysik aufgewendet werden müssen.
5. Schließlich müssen entsprechende wissenschaftliche Begriffe und ein Verständnis der Vorgänge im Labor bzw. in der jeweiligen wissenschaftlichen Praxis entwickelt werden. Latour betont, dass man dies nicht als die ›eigentliche wissenschaftliche Arbeit‹ ansehen könne, die

sich von den anderen vier Kreisläufen abkoppeln ließe, da alle fünf voneinander abhängig sind und ohne die anderen in sich zusammenbrechen würden:

> Ja, Joliot kann nur Erfolg haben, wenn er die Kettenreaktion versteht – und dies muß ihm eher heute gelingen, bevor Szilard es tut, bevor die Deutschen in Paris eintreffen, bevor die zweihundert Liter schweren Wassers von den Norwegern ausgehen und bevor Halban und Kowarski von ihren Nachbarn als Ausländer denunziert und zur Flucht gezwungen werden. Ja es gibt eine Theorie, ja, die nachts von Kowarski durchgeführte Berechnung der Reaktionswahrscheinlichkeit wird den ganzen Unterschied machen [...]. Doch man braucht alles übrige, damit diese Berechnung die Berechnung von etwas ist. Es gibt in der Tat einen begrifflichen Kern, doch er wird nicht durch Beschäftigungen definiert, die von den anderen *am weitesten entfernt liegen*; im Gegenteil, er bündelt sie, verstärkt ihren Zusammenhalt, *beschleunigt ihre Zirkulation.*[13]

Wissenschaftliche Praktiken funktionieren entsprechend dieser Beschreibung als empfindliche Konfigurationen aus sehr unterschiedlichen Elementen, die so angeordnet und zusammengehalten werden, dass aus ihnen eine Wahrheit hervorgeht. Im besten Fall verwandelt sich diese Wahrheit von einer kontroversen Behauptung in einen schmucklosen Lehrbuchfakt, der neue Konzepte oder den Bau von Apparaten für ganz andere Praktiken ermöglicht. Die Wissenschaften reihen Transformationen aneinander, die Referenz garantieren, so dass beispielsweise der Begriff ›Neutronen‹

auf etwas verweist. Eine lange, ununterbrochene Kette von Umwandlungen – von einer Materialität in eine andere, von Materie in Zahlen, von Zahlen in Grafiken und Texte etc. – ist notwendig, damit die durchgeführten Berechnungen tatsächlich Berechnungen eines Elements der Wirklichkeit sind. »Die Wahrheit *zirkuliert* in ihr [dieser Referenzkette; F. V.] wie die Elektrizität entlang eines Drahtes, und zwar solange, wie er nicht zerschnitten wird.«[14]

Das Beispiel führt nicht nur die Historizität wissenschaftlicher Praktiken vor, sondern zeigt auch die Kontextualität ihrer Erkenntnisse. Diese entstehen in sozialen Praktiken inmitten politischer, ökonomischer und sozialer Konflikte. Joliot-Curies Forschung lässt sich nicht auf den letzten, fünften Kreislauf und die darin erbrachte geistige Arbeit reduzieren, ohne diese vollständig misszuverstehen. Sie besteht nicht aus einem begrifflich-logischen Rechtfertigungskontext und einem von ihr abtrennbaren sozial-historischen Entdeckungskontext. Wissenschaftliche Praktiken haben keinen geheimnisvollen Kern, der Wahrheiten von ewiger Geltung hervorbringt. Sie beruhen auf der Anstrengung, die hervorgebrachten Wahrheiten zu stabilisieren und ihre Geltung auf immer weitere (wissenschaftliche und nicht-wissenschaftliche) Praktiken auszuweiten. Ein souveräner epistemischer Standpunkt ist darin nicht zu finden.

3.4 Nichtsouveräne Erkenntnistheorie

Latours Beispiel von Joliot-Curies Kernspaltungsexperimenten zeigt, dass die Beschreibung wissenschaftlicher Praktiken im Rahmen eines methodologischen Realismus deren Historizität, Pluralität und Kontextualität zur Geltung bringt, ohne dabei leugnen zu müssen, dass auf diese Weise Erkenntnisse, d. h. im besten Fall nach wie vor gültige Wahrheiten hervorgebracht werden. Wahrheit und Wissen büßen nichts ein, wenn man anerkennt, dass sie aus materiellen, sozialen Praktiken hervorgehen und dass diese Genese nicht vollständig von ihrer Geltung abtrennbar ist. Der Eindruck, dass epistemische Autorität verlorengeht, entsteht allein aus der irrigen Annahme, Wahrheit und Wissen müssten epistemisch souverän sein.

Alle theoretischen Traditionen, die auch nur Ansätze einer politischen Erkenntnistheorie ausgebildet haben, liefern dafür Argumente, darunter die kritische Theorie der Frankfurter Schule, der französische Poststrukturalismus, die postkoloniale Theorie oder die feministische Epistemologie. Letztere liefert besonders starke Gründe dafür, dass der souveräne epistemische Standpunkt eine Illusion ist. Diese Illusion legt uns nahe, Wissen wäre nur durch einen ortlosen »Blick von nirgendwo«[15] zu gewinnen, d. h. aus einer unbeschränkten Perspektive von außen auf die Welt, von einem Standpunkt aus, der selbst keine Position bezieht. Das ist doppelt falsch, denn zum einen ist der souveräne epistemische Standpunkt eine Fiktion und zum anderen wäre die resultierende Konzeption von Wissen viel zu statisch, um wissenschaftliches Wissen fassen zu können.

Die Gegenthese hierzu, dass Wissen sozial situiert ist, wird in der feministischen Erkenntnistheorie sehr unterschiedlich ausbuchstabiert, doch bleibt ihr begrifflicher Kern stets derselbe. Da Wissen nicht ohne Wissende, d. h. ohne Subjekte, gedacht werden kann, müssen diese in die Analyse miteinbezogen werden. Die Subjekte nehmen unterschiedliche soziale Positionen ein, haben eigene Erfahrungen, Wahrnehmungsweisen und Denkstile, und all diese (und weitere) Faktoren beeinflussen das, was als glaubwürdig, relevant oder kohärent beurteilt wird. Wissende sind keine austauschbare Größe, wie es die klassische Erkenntnistheorie annimmt, wenn sie Wissen nach dem Muster »Ein Subjekt S weiß eine Proposition *p*, genau dann, wenn …« definiert. Genauere Analysen solcher Definitionen enthüllen, dass das darin implizit vorausgesetzte Subjekt meist Weiß, cis-männlich und bürgerlich ist.[16]

Die Philosophin Donna Haraway, die den Begriff ›situiertes Wissen‹ (im Original: »situated knowledges«) geprägt hat, argumentiert pointiert gegen den souveränen epistemischen Standpunkt. Sie bezeichnet ihn als ›Gott-trick‹, da er die Körperlichkeit, Positioniertheit und Beschränktheit allen Wissens leugnet und sich an jene Stelle setzt, die traditionell einem allwissenden Gott vorbehalten war. Souveräne Epistemologie hängt daher, so Haraway, einem Alles-oder-Nichts-Denken an, das Wissen als ›relativistisch‹ brandmarkt und es verwirft, wenn es keinen souveränen epistemischen Standpunkt reklamieren kann. Doch Relativismus als die Fiktion einer totalen Gleichheit aller Perspektiven, die gegeneinander indifferent seien, verdankt sich derselben Verdrängung von Körperlichkeit, Positioniertheit und Partialität wie der souveräne epistemische Standpunkt:

> In den Objektivitätsideologien ist der Relativismus das perfekte Spiegelbild der Totalisierung: Beide leugnen die Relevanz von Verortung, Verkörperung und partialer Perspektive, beide verhindern eine gute Sicht. Relativis-

> mus und Totalisierung sind »göttliche Tricks«. Als Versprechen der Möglichkeit einer gleichen und vollständigen Sicht von überall und nirgends sind sie verbreitete Mythen einer die Wissenschaft begleitenden Rhetorik. Die Möglichkeit nachhaltiger rationaler, objektiver Forschung überlebt jedoch gerade in der Politik und Epistemologie einer partialen Perspektive.[17]

An Latours Beispiel zeigt sich, dass ein souveräner epistemischer Standpunkt weder möglich noch notwendig ist. Wissenschaftliches Wissen wie die vermeintlich einfache Tatsache, dass jedes Neutron 2,5 Neutronen freisetzt, entsteht in einer langwierigen Reinigungsarbeit, die nie gänzlich abgeschlossen ist, sondern allenfalls eine Zeitlang ruht. Denn wissenschaftliche Praktiken entfernen nicht nur einschränkende Qualifikationen von Aussagen, bis diese endlich zu Fakten geronnen sind, sie fügen auch neue hinzu, je nachdem, ob sie Zweifel ausräumen oder vermehren. Sie können nicht auf einen kontextlosen begrifflich-logischen Kern reduziert werden – partikulare Perspektiven abzuschütteln, indem die wissenschaftlichen Aussagen von Qualifikationen befreit werden, ist ein sozial situierter Prozess, dessen Ergebnis nur diesen Praktiken enthoben anmutet. Doch die Objektivität wissenschaftlichen Wissens verdankt sich nicht seiner möglichst vollständigen Abkopplung von den sozialen Praktiken, in denen es erzeugt wird, sondern der möglichst engen und stabilen Verankerung in ihnen.

Dieser Umstand verweist auf eine konstitutive Dynamik wissenschaftlichen Wissens, das nur abhängig von Praktiken existiert, in denen entsprechende Behauptungen erhoben, aufgegriffen, überprüft, zurückgewiesen, wiederentdeckt und bestätigt werden. Helen Longino fasst den sozialen Charakter wissenschaftlichen Wissens so zusammen:

> Was wissenschaftliches Wissen genannt wird, wird also von einer Gemeinschaft produziert [...] und überschreitet die Beiträge jedes einzelnen Individuums oder sogar aller Gruppen innerhalb der größeren Gemeinschaft. Sobald Propositionen, Thesen und Hypothesen formuliert worden sind, entscheidet sich in der kollektiven Arbeit durch Entgegensetzung und Vermischung verschiedener Standpunkte, was wissenschaftliches Wissen wird.[18]

Anders ausgedrückt: Nur innerhalb dieser sozialen Praktiken können wir die Wahrheit einer wissenschaftlichen Erkenntnis verteidigen oder bezweifeln. Abgekoppelt von den sozialen Praktiken verlieren die Erkenntnisse ihre Bedeutung. Deshalb wäre ein souveräner epistemischer Standpunkt jenseits von ihnen im wahrsten Sinne des Wortes sinnlos; einen solchen Standpunkt einzunehmen bedeutet, einen partikularen Standpunkt als universell ausgegeben. Doch einen Standpunkt zu universalisieren, indem man seine soziale Situiertheit leugnet, ist unzulässig, unnötig und unnütz. Wir müssen die Fiktion eines souveränen epistemischen Standpunkts aufgeben und uns nicht länger vorgaukeln, ›die Wissenschaft‹ bilde unbeeinflusst von politischen, ökonomischen oder sozialen Interessen und Werten eine Einheit, vielleicht gar noch mit einer linear fortschrittlichen Geschichte hin zu ›der Wahrheit‹. Wir sind nie epistemische Souveräne gewesen – und wir brauchen diese Illusion nicht, um wissenschaftliches Wissen zu verteidigen. Tatsächlich ist sie extrem schädlich, weil sie die Pluralität der verschiedenen wissenschaftlichen Disziplinen ignoriert, deren Historizität verschleiert und mit der Leugnung ihrer Kontextualität illusionäre Standards aufstellt, die keine wissenschaftliche Praxis jemals erfüllen kann. Kurz: Eine solche Illusion des souveränen epistemischen Standpunkts verteidigt einen nostalgischen Positivismus, aber nicht die Wissenschaften.

4. Wahrheit ohne Alleinherrschaftsanspruch

Ein methodologischer Realismus, der von jeder Betrachtung wissenschaftlicher Praktiken fordert, deren Pluralität, Historizität und Kontextualität anzuerkennen, kritisiert die spontane Philosophie der Wissenschaften und insbesondere den nostalgischen Positivismus scharf. Es ist nicht nur angemessener, den Blick auf die realen wissenschaftlichen Praktiken in all ihren kontingenten Details zu richten, es kostet auch nicht mehr, als die Illusion eines souveränen epistemischen Standpunkts aufzugeben.

Es wäre verfehlt, dagegen einzuwenden, dies führe direkt in den Abgrund des Relativismus, da dieser Einwand nur unter den Voraussetzungen einer souveränen Erkenntnistheorie funktioniert. Aus der Perspektive des methodologischen Realismus und seiner nichtsouveränen Epistemologie gesehen erweist er sich als »schlechtes Alles oder Nichts«, in dem Theodor W. Adorno einen theologischen Rest ausmacht:

> Wenn die Erkenntnis von uns endlichen, armen und fehlbaren Wesen nicht gleich so sein soll, wie sie selbst die Scholastiker und Kirchenväter immer sich vorgestellt haben, nämlich als eine noch für den lieben Gott verbindliche Erkenntnis [...], dann soll, so wird gefolgert, die Erkenntnis sogleich gar nichts sein [...].[1]

Allerdings stellt diese Zurückweisung souveräner Epistemologie lediglich ein defensives Argument dar, das einer konstruktiven Ergänzung bedarf, um der Sorge begegnen zu können, die hinter dem Relativismusvorwurf steckt. So wichtig ein unverstellter Blick auf die Wissenschaften in all ihrer Vielfalt, Schönheit und Gefährlichkeit ist, muss der methodologische Realismus einer nichtsouveränen Epistemologie doch mehr leisten: Er muss auch die Verachtung wissenschaftlicher Erkenntnisse wirksam bekämpfen können.

Um zu zeigen, dass und wie er diese Aufgabe meistert, erläutere ich zunächst, wie Wahrheit in einer nichtsouveränen Erkenntnistheorie verstanden werden kann, nämlich als eine Kraft, die aus sozialen Praktiken hervorgeht (Abschnitt 4.1). Ein solches Verständnis von Wahrheit als Kraft dient als bescheidenes Abgrenzungskriterium, um wahrheitsproduzierende Praktiken von jenen zu unterscheiden, die lediglich vorgeben, Wahrheiten hervorzubringen (Abschnitt 4.2). Das lässt sich an den Praktiken organisierter Klimawandelleugner*innen und Impfgegner*innen ebenso wie an den politischen Mechanismen zeigen, mit denen unliebsame wissenschaftliche Erkenntnisse routiniert ausgeblendet werden (Abschnitt 4.3).

4.1 Wahrheit als Kraft

Wie kann man die Pluralität, Historizität und Kontextualität wissenschaftlicher Praktiken anerkennen und gleichzeitig ihren Erkenntnissen – jedenfalls im Erfolgsfall – Wahrheit zusprechen? Wie also können wir Wahrheit verstehen, ohne sie auf den fiktiven souveränen epistemischen Standpunkt zu stellen?

Das Leitmotiv eines jeden nichtsouveränen Begriffs von Wahrheit besteht darin, sie als weltliches Phänomen zu verstehen. Der Philosoph Michel Foucault bringt dies in einem berühmt-berüchtigten Zitat auf den Punkt: »Die Wahrheit ist von dieser Welt; sie wird in ihr dank vielfältiger Zwänge hervorgebracht.«[2] Wahrheit ist also etwas, dass in sozialen Praktiken entsteht und insofern deren Vielfalt, Geschichtlichkeit und Kontextualität teilt. Zugleich darf Wahrheit dadurch nicht zu etwas Beliebigen verkommen. Nicht jede Praktik hat ›ihre eigene Wahrheit‹ – und dies schon allein aus dem Grunde nicht, dass nicht alle Praktiken Wahrheit produzieren und dass manche Praktiken Aussagen als Wahrheiten ausgeben, die sich bei näherer Betrachtung als falsch erweisen.

Mein Vorschlag lautet, Wahrheit als eine Kraft in der Welt zu betrachten, die aus sozialen Praktiken hervorgeht (oder auch nicht).[3] Nicht von ungefähr klingt hier Latours Metapher an, dass Wahrheit im Erfolgsfall durch die mannigfaltigen Umwandlungsprozesse der Wissenschaften zirkuliert »wie die Elektrizität entlang eines Drahtes«[4]. Wahrheit ist für Latour eine Kraft, die wissenschaftliche Praktiken in ihren fünf Kreisläufen erzeugen, die jedoch nicht auf einzelne, an diesen beteiligte Elemente reduzierbar ist, sei es die Neutronen und Messinstrumente, die Kolleg*innen mit ihren Theorien, die Öffentlichkeit oder die Allianzen, z. B. mit dem Militär. Der Schritt vom elektrischen Strom zum allgemeineren Begriff der Kraft ist nicht weit; ohnehin ist die Metapher ›Kraft‹ verbreitet, wenn Philosoph*innen auf Wahrheit zu sprechen kommen. Anhand von vier Eigenschaften lässt sich Wahrheit als Kraft beschreiben.

1. *Ursprung.* Wahrheit emergiert aus sozialen Praktiken. Zentral ist der Begriff ›Emergenz‹, der für die Entstehung von etwas Neuem und Eigenständigem in Bezug auf seinen

Entstehungskontext verwendet wird. Neu ist Wahrheit im Vergleich zu den Elementen der sozialen Praktik (Akteure, Objekte, andere Kräfte wie Naturkräfte, politische Macht oder Affekte), weil sie selbst keiner dieser Bestandteile ist, sondern erst aus ihrem Zusammenspiel hervorgeht. Sie ist relativ eigenständig (oder autonom), weil Wahrheit auch nicht auf die einzelnen Bestandteile oder ihr Zusammenspiel zurückgeführt werden kann. Mit anderen Worten: Wahrheit ist irreduzibel auf die soziale Praktik, aus der sie emergiert. Doch bleibt sie auf diese Praktik bezogen, d. h. sie steht in Beziehung zu ihr.

Emergente Phänomene sind im Allgemeinen durch diese drei Eigenschaften Neuartigkeit, relative Autonomie und Relationalität gekennzeichnet, eben weil sie nicht auf ihren Entstehungsherd (auf ihre ›Emergenzbasis‹) zurückführbar sind.[5] Die Erklärung der Irreduzibilität bei gleichzeitiger Abhängigkeit von der Emergenzbasis steht daher im Zentrum der verwickelten philosophischen Diskussion über Emergenz. Für Wahrheit als Kraft ergibt sich ihre Irreduzibilität daraus, dass das Verhalten der Elemente jener sozialen Praktik, aus der eine Wahrheit emergiert, in der konkreten Konfiguration dieser bestimmten sozialen Praktik nicht aus ihrem Verhalten in Isolation oder in signifikant einfacheren Zusammenhängen vorhersagbar ist. Nur in ihrer besonderen Anordnung wirken die Bestandteile der sozialen Praktik so zusammen, dass eine bestimmte Wahrheit emergiert: Die Praktik als Ganze (einschließlich der emergierten Wahrheit) wirkt auf das Verhalten der Elemente ein, aus denen sie besteht. Ob emergente Phänomene auf ihre Emergenzbasis zurückwirken, ist im Allgemeinen umstritten, im spezifischen Fall der Emergenz von Wahrheit aus sozialen Praktiken allerdings wenig problematisch. Denn philosophische und soziologische Praxistheorien gehen ohnehin davon aus, dass Praktiken nicht aus Individuen oder Objekten als atomaren Bausteinen bestehen, sondern dass diese von den Praktiken mitkonstituiert werden.

Dass Wahrheit als Kraft aus sozialen Praktiken emergiert, bedeutet demnach, dass die Kraft der Wahrheit nicht bereits vor diesen Praktiken besteht und als Element in sie eingeht, sondern dass sie erst aus dem Zusammenspiel der in der Praktik spezifisch angeordneten Akteure, Objekte und weiteren Kräfte hervorgeht. Daher ist Wahrheit als Kraft zwar auf ihren Entstehungskontext bezogen, kann jedoch nicht auf diesen Kontext reduziert werden und ist insofern relational, neuartig und relativ autonom.

2. *Ziele.* Wahrheit als Kraft lässt sich außerdem durch ihre möglichen Ziele charakterisieren. Sie wirkt exklusiv auf Subjektivitäten. Das ist natürlich wenig überraschend, denn wie sollte Wahrheit direkt Grashalme, Computer oder Sterne verändern? Wenn sie Effekte auf solche und andere Objekte hat, dann deshalb, weil sie zunächst das Selbst von Akteuren beeinflusst, deren folgende Handlungen Auswirkungen auf die Objekte haben. Dabei ordnet Wahrheit die Weltwahrnehmung von Subjekten, indem sie eine Differenz zwischen wahr und falsch neu etabliert bzw. verstärkt. Von dieser Neuordnung bleibt selbst die Vergangenheit der Betroffenen nicht unberührt, wie ein Beispiel der Philosophin Linda Martín Alcoff zeigt:

> Muss ich, nachdem ich neue aufwühlende Fakten über meinen Ex-Ehemann erfahren habe, die »Wirklichkeit« unserer Ehe insgesamt anders bewerten? War mein vor-

heriges Glück einfach das Ergebnis einer falschen Überzeugung? Mit wem war ich verheiratet: mit dem Mann, als den ich ihn heute kenne, oder mit dem Mann, für den ich ihn damals hielt? [...] Welchen Charakter hatte mein Ex-Ehemann und wie sah unsere Ehe aus? Ich war mehrere Jahre glücklich, wir entwickelten starke emotionale Intimität und gegenseitige Unterstützung, und nachfolgende Enthüllungen über ihn können diese Geschichte niemals vollständig verändern. Doch fehlten meiner Bewertung von ihm und von unserer Beziehung einige wichtige Elemente, und die Kohärenz dieser Bewertung überlebte die erweiterte und veränderte Neukonstellation meines Wissens nicht. Das liegt nicht einfach nur daran, dass er sich verändert hat oder ich mich verändert habe, obwohl wir uns natürlich beide verändert haben. Es liegt daran, dass die Wahrheit meiner gelebten Wirklichkeit und selbst die unserer geteilt erlebten Wirklichkeit sich verändert hat.[6]

Die Vergangenheit als Zeit, in der Alcoffs Ehe glücklich war, ist nach Einwirkung der neuen Wahrheit nicht völlig verloren, doch sie ist nicht mehr dieselbe.

3. *Effekt.* In diesem Sinne (und das macht die dritte Eigenschaft von Wahrheit als Kraft aus) wirken selbst alltägliche Wahrheiten historisch disruptiv. Sie haben einen Sperrklinkeneffekt: Die emergierten Wahrheiten rasten so ein, dass es für die Subjekte nahezu unmöglich wird, hinter sie zurückzugehen. Der Sperrklinkeneffekt verleiht Wahrheiten damit einen Anschein von Ewigkeit; die Welt erscheint uns, nachdem eine Wahrheit auf uns eingewirkt hat, als hätten wir diese Wahrheit nicht hervorbringen,

sondern nur entdecken müssen – als hätte sie schon immer auf uns gewartet.

4. *Stärke.* Eine weitere Eigenschaft von Wahrheit als Kraft besteht darin, dass sie vergleichsweise schwach ist, also leicht von anderen Kräften wie politischer Macht, physischer Gewalt oder Naturkräften überlagert oder ausgehebelt werden kann. Das bedeutet nicht, dass ihre Effekte gering sind, doch treten diese häufig nur dann auf, wenn mit ihnen rivalisierende Kräfte fehlen oder von sozialen Praktiken abgeblockt werden. Diese Schwäche ist ein Grund dafür, dass Wahrheit schwer zu erkennen und leicht mit anderen Kräften zu verwechseln ist. Aufgrund ihres Sperrklinkeneffekts ist sie dennoch begehrt, da der Effekt für verhältnismäßig stabile Veränderungen des Selbst sorgt, die nicht durch konstante Ausübung von Gewalt aufrechterhalten werden müssen und weniger anfällig für Schwankungen der Affekte sind. Kurz: Wahrheit ist eine vergleichsweise schwache, aber dank ihres historisch disruptiven Sperrklinkeneffekts und der aus diesem erwachsenden Ewigkeitsanmutung eine sehr effektive Kraft.

Die Beschreibung von Wahrheit als Kraft liefert noch keine eigenständige Wahrheitstheorie, die auch angeben müsste, an was wir Wahrheit erkennen können. Handelt es sich um die Übereinstimmung von Aussagen und Wirklichkeit im Sinne einer Korrespondenztheorie der Wahrheit? Oder um die Stimmigkeit einer Aussage mit anderen, bereits etablierten Überzeugungen oder gar unserer ganzen Lebensform im Sinne einer Kohärenztheorie der Wahrheit? Der Ansatz, Wahrheit als Kraft zu beschreiben, die aus sozialen Praktiken emergiert, historisch disruptiv auf Subjektivitäten wirkt und vergleichsweise schwach, aber dank ihres Sperrklinkeneffekts langanhaltend ist, gibt darauf keine Antwort. Das philosophische Bild von Wahrheit als Kraft ist sowohl mit diesen beiden als auch mit anderen Wahrheitstheorien vereinbar.

Es ist im Rahmen dieses Essays weder möglich noch notwendig, diese allgemeine Skizze zu einer konkreten philosophischen Wahrheitstheorie auszuarbeiten. Denn die wichtigste Konsequenz daraus, Wahrheit als Kraft zu fassen, ergibt sich schon auf der Ebene des philosophischen Bildes: Jede Konkretisierung durch eine Wahrheitstheorie wird Wahrheit plural und agonal, also im Streit mit anderen Wahrheiten, konzipieren, solange sie als Kraft verstanden wird. Einerseits treten Kräfte nie vereinzelt auf, sondern stehen stets in Verhältnissen zu anderen Kräften. Wahrheit als Kraft zu denken, wird also eine Pluralität von Wahrheiten annehmen müssen. Andererseits sind Kräfte immer gegen etwas gerichtet, ob nun gegen Falschheit oder andere Wahrheiten. Die pluralen Wahrheiten sind einander agonal entgegengesetzt; sie existieren nicht indifferent nebeneinander.

Bereits aus den beiden Eigenschaften der Agonalität und der Pluralität folgt, dass Wahrheitsbegriffe im philosophischen Bild von Wahrheit als Kraft nichtsouverän sein werden, weil Wahrheit in diesem Bild kein singulärer Souverän ist. Zugleich beugt die Agonalität dem Relativismusvorwurf vor, weil dieser stets die drei Behauptungen umfasst, dass Wahrheit erstens von etwas anderem abhängt, dass es zweitens viele Wahrheiten gibt und dass diese vielen Wahrheiten drittens gegeneinander gleichgültig sind. Das philosophische Bild von Wahrheit als Kraft stimmt mit den ersten beiden überein, da zum einen Wahrheit als emergente

Kraft an die sozialen Praktiken gebunden ist, aus denen sie hervorgeht, und da sie zum anderen plural ist. Doch die Agonalität von Wahrheit verhindert, dass auf das philosophische Bild auch die dritte Behauptung zutrifft, die der Vorwurf des Relativismus umfasst.

4.2 Ein bescheidenes Abgrenzungskriterium

Wie hilft uns das äußerst abstrakte philosophische Bild von Wahrheit als Kraft dabei, wissenschaftliche Praktiken gegen ihre Liebhaber*innen und Verächter*innen zu verteidigen?

Mit ihm können wir auf Wahrheit rekurrieren und zugleich jenen nostalgischen Positivismus vermeiden, gegen den ich einen methodologischen Realismus eingefordert habe, wenn wir wissenschaftliche Praktiken betrachten und über sie sprechen. So lässt sich die Vielfalt wissenschaftlicher Praktiken und ihre historische Gewordenheit ebenso wie die kontextuelle Gebundenheit ihrer Erkenntnisse anerkennen, ohne den Bezug auf Wahrheit aufzugeben. Als Kraft verstanden, ist Wahrheit ein Phänomen in dieser Welt, das nicht jenseits der politischen, ökonomischen oder sozialen Konflikte steht, sondern mitten in ihnen entsteht. Wissenschaftliche Praktiken müssen nicht von allen Spuren kontingenter Kämpfe, politischer und ethischer Werte oder ökonomischer Interessen gereinigt werden, ehe wir den Erkenntnissen, die aus ihnen erwachsen sind, epistemische Autorität zusprechen können. Ihre Leistung besteht im Gegenteil darin, aus dieser unordentlichen Welt heraus und nur mit ihr Wahrheit emergieren zu lassen.

Das nichtsouveräne Verständnis von Wahrheit hilft uns auch gegen die Verleugnung, Verzerrung und Verdrängung wissenschaftlicher Erkenntnisse. Denn es liefert mit der Emergenz von Wahrheit aus einer sozialen Praktik ein bescheidenes Abgrenzungskriterium, um wissenschaftliche von nicht- und pseudowissenschaftliche Praktiken zu unterscheiden. Es kommt also darauf an, ob eine vermeintliche Wahrheit auf die an der Praktik beteiligten Akteure, Objekte oder anderen Kräfte reduziert werden kann oder ob Wahrheit als Kraft tatsächlich aus diesen Praktiken emergiert und damit irreduzibel ist.

Drei Eigenschaften setzen dieses Abgrenzungskriterium von den gescheiterten Vorschlägen aus der Diskussion um das Abgrenzungsproblem (in Kapitel 2.2) ab und rechtfertigen, es ›bescheiden‹ zu nennen:

Die Emergenz von Wahrheit als Kraft stellt erstens ein *lokales* Abgrenzungskriterium dar, weil es dazu zwingt, die fraglichen wissenschaftlichen Praktiken anstatt von diesen abstrahierte Theorien oder isolierte Resultate zu untersuchen. Es kontrastiert deutlich mit den rein theoriebezogenen Abgrenzungskriterien der klassischen Debatte, wie etwa Poppers Kriterium der Falsifizierbarkeit oder dem Kriterium des logischen Empirismus, der Verifizierbarkeit durch Protokollsätze. Von historisch orientierten Kriterien unterscheidet das bescheidene Abgrenzungskriterium, dass es mit ihm, anders als etwa bei Kuhn, nicht allein um die Geschichte einer wissenschaftlichen Praktik oder Disziplin geht, die Phasen des normalwissenschaftlichen Rätsellösens umfassen muss, und dass es anders als bei Lakatos eine realistische Betrachtung von wissenschaftlichen Praktiken und keine ›rationale Rekonstruktion‹ erfordert, in der unliebsame Kontingenzen zugunsten einer klaren Forschungslogik korrigiert werden. Die Differenz zu einigen neueren Vorschlägen für ein Abgrenzungskriterium besteht darin, dass die Emergenz von Wahrheit als Kraft nicht auf die Handlungen oder Haltungen von Wissenschaftler*innen bezogen ist.[7] Indem es die ganze Praktik in den Blick nimmt, vermeidet mein Kriterium diese Individualisierung und wird so der sozialen Dynamik wissenschaftlichen Wissens gerecht.

Die Emergenz von Wahrheit stellt zweitens ein *anfechtbares* Kriterium dar, weil sie sich nicht positiv belegen, sondern nur widerlegen lässt.[8] Denn die Irreduzibilität einer emergierten Wahrheit ist nicht beweisbar. Sie muss angenommen werden, wenn nach sorgfältiger Prüfung keine Reduktion möglich ist. Doch ist nie ausgeschlossen, eine solche Reduktion auf anderen Wegen als den uns heute bekannten zu erreichen.

Für den Gebrauch von Wahrheit als Kraft als Abgrenzungskriterium muss man insbesondere sicherstellen, dass in den fraglichen Praktiken keine anderen Kräfte als Wahrheit verkleidet werden, was die Irreduzibilität widerlegen würde. Aus diesem Grund rücken die Täuschungs- und Ablenkungsstrategien in den Vordergrund, die für pseudowissenschaftliche Praktiken wichtig sind. Um sie zu identifizieren, lassen sich die bekannten Kriterienkataloge für Pseudowissenschaften heranziehen, wie etwa die Liste der rhetorischen Techniken organisierter Klimawandelleugner*innen aus Kapitel 1.1. Sie dienen also nicht selbst als Abgrenzungskriterien, sondern als Anzeichen dafür, dass eine Praktik die Emergenz von Wahrheit vortäuscht, diese aber auf einzelne Elemente reduzierbar ist. Das vermeidet die Schwierigkeit, dass beispielsweise der Glaube an Autoritäten auch in wissenschaftlichen Praktiken eine wichtige Rolle spielt und sie daher nicht umstandslos mit diesem Merkmal von pseudowissenschaftlichen Praktiken unterschieden werden können. Das ist erst dann der Fall, wenn Autorität als Kraft der Wahrheit ausgegeben wird.

Bescheiden ist das Abgrenzungskriterium drittens, weil es nur eine *notwendige*, aber keine hinreichende (also allein schon ausreichende) Bedingung darstellt, um wissenschaftliche Praktiken als solche zu charakterisieren. Die Emergenz von Wahrheit als irreduzible Kraft kann zwar wissenschaftliche von nicht- oder pseudowissenschaftlichen Praktiken unterscheiden, doch legt es keine ›Natur‹ oder ›Wesen‹ der Wissenschaften fest. Wahrheit emergiert auch aus anderen, beispielsweise aus juridischen Praktiken. Für die klassische Debatte des Abgrenzungsproblems einschließlich seiner Beerdigung durch Larry Laudan wäre dies Grund genug, die Emergenz von Wahrheit nicht als Abgrenzungskriterium zu verstehen. Doch die Diskussion der letzten vier Jahrzehnte zeigt, dass die Anforderung, ein notwendiges und hinreichendes Kriterium zu finden, es unmöglich macht, das Abgrenzungsproblem zu lösen. Nahezu alle neueren Überlegungen gehen daher davon aus, dass die Wissenschaften zwar ›Familienähnlichkeiten‹ untereinander aufweisen, aber keine festere Einheit bilden. Will man nicht nur Praktiken, in denen Wahrheit emergiert, von solchen abgrenzen, in denen eine andere Kraft als Wahrheit ausgegeben wird, benötigt man daher weitere Kriterien, von denen wiederum keines allein dazu ausreicht, alle Wissenschaften zu erfassen, die es aber gemeinsam erlauben, die zwischen ihnen bestehenden Familienähnlichkeiten näher zu erläutern. So schlägt etwa Paul Hoyningen-Huene vor, das wissenschaftliches Wissen sich von Alltagswissen durch seine Systematizität unterscheidet, und Nancy Cartwright et al. stellen die Verlässlichkeit wissenschaftlicher Produkte heraus, unabhängig davon, ob es sich um Wissen, technische Artefakte oder Handlungsanweisungen handelt.[9]

Doch benötigen wir keine vollständige Beschreibung wissenschaftlicher Praktiken, um sie von pseudowissenschaftlichen zu unterscheiden – so wie wir im Alltag keine erschöpfende chemische Analyse benötigen, um Salz- und Süßwasser auseinanderzuhalten. Laudan unterstrich in der Diskussion über den Kreationismus, dass wir zur Widerlegung einzelner falscher Behauptungen weder eine Einheitsauffassung ›der Wissenschaft‹ postulieren müssen noch sollten. Das bleibt unbestritten, auch wenn wir seine Anforderungen an ein Abgrenzungskriterium zurückweisen. Die Emergenz von Wahrheit als Kraft ermöglicht es uns, eine realistische Darstellung wissenschaftlicher Praktiken beizubehalten und gegen ihre Verächter*innen zu verteidigen. Das ist nicht nur ausreichend, sondern stellt sogar einen großen Gewinn dar, wenn man ansonsten diese Verteidigung nur um den Preis einer Idealisierung leisten kann, die Wasser auf die Mühlen ihrer Gegner*innen ist.

4.3 Die Probe aufs Exempel

Zur Veranschaulichung kehre ich zu den drei Beispielen für Wissenschaftsfeindlichkeit aus dem ersten Kapitel zurück. Wer die Pluralität, Historizität und Kontextualität wissenschaftlicher Praktiken anerkennt, redet keinem einfachen Relativismus das Wort. Dank des Kriteriums der Emergenz und damit der Irreduzibilität von Wahrheit muss man auch nicht alle möglichen Wahrheitsansprüche als alternative Wahrheiten verstehen. Oft reicht es schon aus, auf die epistemische Sorgfalt zu achten, mit denen die an den Praktiken Beteiligten selbst die Reduzierbarkeit einer vermeintlichen Wahrheit prüfen und ausschließen, ehe sie eine Kraft als Wahrheit bezeichnen.

Das gilt insbesondere für die Praktiken organisierter Klimawandelleugner*innen, die vielleicht das eindeutigste Beispiel dafür liefern, wie andere Kräfte – vor allem ökonomische und politische Macht – als Wahrheit ausgegeben werden. Im Vergleich mit den Praktiken der Klimawissenschaften stechen vor allem zwei Unterschiede hervor:

Erstens vernachlässigen die Klimawandelleugner*innen bei ihrem Versuch, Gegenexpertise aufzubauen, d. h. eine Art alternative Forschung zu schaffen, die tatsächlich den Namen ›Pseudowissenschaft‹ verdient, drei der fünf konstitutiven Kreisläufe wissenschaftlicher Praktiken (siehe Kapitel 3.2). Das zeigt sich beispielsweise am Nongovernmental International Panel on Climate Change (NIPCC), einer vom Heartland Institute finanzierten Gruppe, die systematisch versucht, den Eindruck zu erwecken, es finde eine wissenschaftliche Kontroverse über Kernthesen aus den Berichten des Weltklimarats (IPCC) statt.[10] Wie in fast allen klimawandelskeptischen oder -leugnenden Diskursbeiträgen werden dabei keine eigenen, unabhängigen Daten präsentiert, also der erste Kreislauf ausgelassen, der die Welt so einrichten soll, dass sie Stellung in einer wissenschaftlichen Diskussion bezieht.

Während man diese Auslassung noch als analoges Verhalten zum Weltklimarat sehen könnte, der ebenfalls keine eigene Forschung durchführt, sondern Forschungsergebnisse sichtet und zusammenfasst, ist die Abspaltung von den wissenschaftlichen Kontroversen und damit die Vernachlässigung des zweiten Kreislaufs so nicht zu erklären. Statt sich in wissenschaftliche Kontroversen einzumischen (wofür freilich auch der fünfte Kreislauf, der die anderen zusammenhält, bedient werden müsste), stellt die Fabrikation von Scheinkontroversen und die Vermeidung wissenschaftsinterner Mechanismen zur Qualitätssicherung wie doppelblinden Begutachtungsverfahren ein wesentliches Merkmal nicht nur der NIPCC-Berichte, sondern der Schriften organisierter Klimawandelleugner insgesamt dar.[11] Im Gegensatz dazu nutzt der Weltklimarat genau solch eine soziale Infrastruktur zur Qualitätssicherung, vor allem seit den Reformen nach der Glaubwürdigkeitskrise 2009.

Im Umgang der Klimawissenschaften mit dieser Krise, die nach der als ›Climategate‹ bekannt gewordenen Affäre sowie den Fehlern im vierten Sachstandsbericht ausgerufen wurde, zeigt sich der zweite Unterschied: Die Klimawandelleugner*innen entwickeln keine vergleichbare epistemische Sorgfalt im Umgang mit vermeintlich emergierenden Wahrheiten und deren möglicher Reduzierbarkeit.

Was war passiert? ›Climategate‹ entwickelte sich nach einem Hackerangriff auf die E-Mail-Server der University of East Anglia. Klimawandelleugner*innen behaupteten, in der Kommunikation der dort ansässigen Climate Research Unit Belege für eine Verschwörung gefunden zu haben. Sie deuteten insbesondere eine E-Mail von Phil Jones, in der von »Mike's *Nature* trick« die Rede ist, als Beweis, dass nur mit einem ›Trick‹ der globale Trend zur Erwärmung gezeigt werden könne, weil er widersprechende Daten verstecke. Gemeint ist Mike Michael E. Mann, ein US-amerikanischer Paläoklimatologe, und sein berühmtes ›Hockeyschläger-Diagramm‹: Es stellt die globale Temperatur seit dem Jahr 1000 dar, die bis 1900 nahezu konstant bleibt und dann steil ansteigt, so dass die Kurve die Form eines Hockeyschlägers hat. Die einberufenen unabhängigen Untersuchungskommissionen (sowohl das House of Commons Science and Technology Committee als auch das von der Royal Academy of Science unterstützte East Anglia Scientific Assessment Panel) kamen allerdings zu dem Ergebnis, dass kein wissenschaftliches Fehlverhalten vorlag, wohl aber ein Mangel an Transparenz. Was Jones flapsig als ›Trick‹ bezeichnet hatte, war tatsächlich ein anerkanntes Darstellungsverfahren wissenschaftlicher Daten, das Mann nach Hinweisen aus den anonymen Gutachten von *Nature* verwendet hatte.[12]

In den Praktiken organisierter Klimawandelleugner*innen lassen sich weder doppelblinde Begutachtungen finden noch die Einberufung unabhängiger Untersuchungskommissionen, sollte es Anzeichen auf mögliches Fehlverhalten (mit den eventuell resultierenden institutionellen Umgestaltungen) geben. Ihre vermeintlich wissenschaftliche Vorgehensweise, um unkritisch oder gar ideologisch verfahrende Klimawissenschaften zu skandalisieren, entpuppt sich schnell als heiße Luft. Deutlich wird, dass der Ansatz, Wahrheit als Kraft und damit als plural und agonal zu verstehen, keineswegs jede beliebige Behauptung als wahr anerkennen muss – ganz im Gegenteil liefert uns die Emergenz von Wahrheit ein Kriterium, um pseudowissenschaftliche Aussagen als solche zu entlarven.

Anders als im Fall der organisierten Klimawandelleugnung versuchen heutige Impfskeptiker*innen seltener, pseudowissenschaftliche Praktiken zu etablieren, also Wissenschaften zu imitieren, um ihren Überzeugungen mehr Glaubwürdigkeit zu verleihen. Eher berufen sie sich auf eine individuelle Form von Gegenwissen und Zweifeln, die ihrerseits ein breites Spektrum umfasst. Am einen Ende finden sich Bedenken, dass die Sicherheit von Impfungen aus einer Perspektive auf die Gesamtbevölkerung nicht die Frage nach dem individuellen Risiko beantwortet, die viele Eltern umtreibt: »Ist MMR-Impfstoff sicher für *mein* Kind?«[13] Am anderen Ende liegt die Gewohnheit, sich auf affektiv unterlegte und intuitive Wahrheiten zu berufen, die keiner rationalen Begründung bedürften. Ein Beispiel liefert ein Ausschnitt aus einem Interview mit einer 35-jährige Naturheilpädagogin auf einer ›Querdenker‹-Demonstration:

> Ich [habe] sehr intuitiv meiner inneren Stimme sozusagen zugehört, welches Video sich stimmig für mich anfühlt und welches nicht. Dann habe ich auch nur die angeschaut, die sich für mich, für meine Wahrheit, also die sich wahrheitsgetreu für mich angefühlt haben.[14]

Diese Verwechslung von affektiver Kraft mit Wahrheit ist mit dem bescheidenen Abgrenzungskriterium leicht zu entlarven, denn hier wird die Reduzierbarkeit der vermeintlichen Wahrheit als Kraft auf die Affekte der Akteure in den sozialen Praktiken bereits von diesen selbst betont.

Interessanter wäre es, am anderen Ende des Spektrums

anzusetzen und zu fragen, ob es nicht durchaus Patientenwissen gibt, das medizinische Forschung zur Kenntnis nehmen sollte, und welche sozialen und politischen Bedingungen es begünstigen, dass anfängliche Unsicherheit in Bezug auf Impfungen zu stabiler Skepsis umschlägt.

Wie wichtig es sein kann, das Wissen von Patientinnen ernst zu nehmen, zeigt Naomi Oreskes am Beispiel der Erkenntnis, dass hormonelle Verhütungsmittel Depressionen verursachen können. Diese Tatsache war zwar seit den 1960er Jahren aus den Selbstzeugnissen von Frauen bekannt, wurde jedoch erst nach 50 Jahren als wissenschaftlicher Fakt akzeptiert.[15] Es sollte nicht ähnlich lange dauern, ehe die Erfahrungen von Long-Covid-Patient*innen ernstgenommen werden. Wahrheit emergiert nicht nur aus wissenschaftlichen Praktiken, und diese tun gut daran, das zu beherzigen.

Diese Überlegung zwingt uns nicht dazu, alle möglichen alltäglichen Zweifel oder ›gefühlten Wahrheiten‹ unhinterfragt zu akzeptieren. Sie erfordern jedoch, wissenschaftliche Praktiken realistisch zu betrachten und ihre Selbstkorrekturmechanismen nicht zu überschätzen, sondern zu stärken. Wie Immaculada de Melo-Martin und Kristen Intemann überzeugend darlegen, wird das Vertrauen in die Wissenschaft etwa durch die Kommerzialisierung von Forschung unterminiert, durch ihre häufige Intransparenz und durch die falsche Vorstellung, Wissenschaften müssten wertfrei sein, um objektives Wissen liefern zu können.[16] An dieser Stelle zeigt sich der Vorteil des methodologischen Realismus und des bescheidenen Abgrenzungskriteriums, die von vornherein auf die Idealisierung von wissenschaftlichen Praktiken verzichten und damit auf diesen Befunden aufbauende Überlegungen anleiten können, wie ihre Institutionalisierung in Universitäten und unabhängigen Forschungsinstituten verändert werden muss. Das schließt kritische Fragen in Bezug auf ihre Finanzierung und Selbstregulierung ein – im Falle deutscher Universitäten also die mittlerweile die Wissenschaftsfreiheit gefährdende Konzentration auf Drittmittel und das feudale, extrem hierarchische Personalmodell.

Damit rücken die politischen Bedingungen wissenschaftlicher Forschung in den Blick – auf die das Beispiel der bewusst verhinderten ›Rassismusstudie‹ in den deutschen Sicherheitsbehörden ein Schlaglicht wirft. Es ist politisch und epistemologisch gesehen unerlässlich und notwendig, diese Behörden zu kritisieren. Ein methodologischer Realismus verlangt jedoch auch die erforderliche Selbstkritik der Wissenschaften und eine Kritik der aktiven Produktion von Nichtwissen. Denn der ehemalige Bundesinnenminister verhinderte nicht nur Forschung, die sich explizit dem institutionellen Rassismus in den deutschen Sicherheitsbehörden widmen wollte, er gab zugleich eine alternative Studie zu »Motivation, Einstellung und Gewalt im Polizeialltag (MEGAVO)« in Auftrag. Die Produktion wissenschaftlicher Wahrheit bekommt damit den Charakter einer Ablenkung – denn die Studie ist weder un- noch pseudowissenschaftlich, sie wird zweifellos Wahrheiten hervorbringen, die nicht auf die Kraft der Affekte oder ökonomischen Macht reduzierbar sind. Die Studie antwortet jedoch auf Fragen, die auch im besten Falle nur indirekt einen Beitrag zu der Diskussion liefern, aus der die Studie geboren wurde, und sie stellt wieder einmal die Erfahrungen von Polizist*innen und nicht der von Rassismus und Polizeigewalt Betroffenen in den Mittelpunkt. Die Studie kann damit nicht anders, als ein Beispiel für aktiv produzierte Ignoranz im Sinne eines Willens zum Nichtwissen zu liefern: Die kunstvolle Einrichtung von wissenschaftlichen wie alltäglichen Praktiken benutzt die emergierenden Wahrheiten, um abzulenken. Wie die politische Erkenntnistheorie seit längerem betont, ist struktureller Rassismus ein besonders prominenter Gegenstand dieses Nichtwissenwollens.[17] Dies schlägt sich auch darin nieder, dass mehr Ressourcen für die Erforschung und Aktionen gegen sogenannte ›Clankriminalität‹ bereitgestellt werden, als kriminologisch erforderlich sind, während die Aufklärung gravierender Fälle wie des NSU-Komplexes bestenfalls halbherzig erfolgt.[18]

Die Emergenz von Wahrheit aus sozialen Praktiken liefert angesichts solcher Befunde zwar ein bescheidenes Abgrenzungskriterium, das unwissenschaftliche und pseudowissenschaftliche Praktiken als solche identifizieren kann, das aber keine darüberhinausgehende politische oder moralische Bewertung vornimmt. Wissenschaftskritik bleibt ausdrücklich möglich und nötig, denn wissenschaftliche Praktiken sind nicht per se unbedenklich. Dass Wahrheit als Kraft aus ihnen hervorgeht, besagt nicht, dass sie der Aufklärung im emphatischen Sinne dienen. Da Wahrheit und Politik (wie dargestellt) nicht in einem Verhältnis des gegenseitigen Ausschlusses zueinander stehen, reicht es nicht schon aus, Wahrheit von Ideologie abzugrenzen. Damit bekommen andere Fragen einen zentralen Stellenwert, etwa welche Wahrheiten wir hervorbringen wollen und welche nicht, welches Wissen wir für wertvoll erachten und welches nicht, sowie welches Nichtwissen wir produzieren wollen oder glauben, uns leisten zu können. Nimmt man die vorgeschlagene realistische Perspektive in Bezug auf wissenschaftliche Praktiken ein, kann man diesen Fragen nicht mehr mit dem Verweis auf deren neutralen, a-politischen oder wertfreien Charakter ausweichen.

Keine Reinheitsgebote!

Worin liegt der Gewinn der angestellten Überlegungen, wenn am Ende doch nur eine andere Sichtweise auf wissenschaftliche Praktiken steht? Ist das nicht zu wenig, zumal wenn die realistische Betrachtung organisierte Klimawandelleugnung und Impfgegnerschaft ähnlich wie der nostalgische Positivismus beurteilt?

Kurz gesagt: Nein, denn es macht einen entscheidenden Unterschied aus, wie beide zu dieser Übereinstimmung gelangen. Abermals lässt sich etwas aus der Diskussion um das Abgrenzungsproblem lernen. Nahezu alle Beteiligten waren sich darin einig, dass die Astrologie (inzwischen) eine Pseudowissenschaft ist – nicht aber über die Begründung dieses Urteils. Genauso verhält es sich heute: Die Gründe dafür, organisierten Klimawandelleugner*innen epistemische Autorität abzusprechen, unterscheiden sich fundamental voneinander, weil wissenschaftliche Praktiken jeweils völlig anders verstanden werden. Wie im zweiten Kapitel dargelegt, fällt der nostalgische Positivismus weit hinter den Stand der Wissenschaftstheorie zurück. Das gilt sogar dann noch, wenn man einrechnet, dass (wie in jedem Teil der Philosophie) keine vollkommene Einigkeit über diesen Stand herrscht. Doch die beiden Annahmen, dass die Wissenschaften uneinheitlich sind und nicht dem Ideal der Wertfreiheit unterworfen werden können, müssen heute selbst diejenigen als Ausgangspunkt akzeptieren, die an ihnen rütteln möchten.

Die realistische Perspektive bringt die spontane Philosophie der Wissenschaften stärker in Einklang mit den wissenschaftstheoretischen Erkenntnissen, mit epistemischen wie politischen Konsequenzen. Zwei davon möchte ich zum Abschluss ausdrücklich hervorheben.

Eine erste Konsequenz ist, dass die realistische Betrachtung wissenschaftlicher Praktiken der Behauptung widerspricht, sowohl die Angriffe auf die Wissenschaften als auch die Verwissenschaftlichung der Politik würden es erforderlich machen, Politik und Wissenschaft kategorisch (wieder) voneinander zu trennen. So kritisiert Alexander Bogner in seinem vieldiskutierten Essay *Die Epistemisierung des Politischen* die Tendenz, politische Entscheidungen über Wertfragen in wissenschaftliche Sachfragen zu überführen. Damit werde verdrängt,

> dass Politik und Wissenschaft voneinander getrennte Sphären sind: So wenig sich wissenschaftliche Wahrheit nach der Mehrheitsmeinung richtet, so wenig ist es Aufgabe der Politik, die Wahrheit zu vollstrecken.[1]

In der Konsequenz werde einerseits Wissenschaft politisiert und andererseits »der Politik das typisch Politische« ausgetrieben, »nämlich die Aushandlung von Interessenkonflikten und das mühsame Ringen um tragfähige Kompromisse«[2].

Richtig ist, dass wissenschaftliche Ergebnisse nicht per Mehrheitswahl entschieden werden und dass wir uns dringend wieder daran gewöhnen müssen, politische Konflikte als solche auszutragen, nämlich als Streit darum, wie wir unser Gemeinwesen gestalten wollen. Die unterschiedlichen Vorstellungen davon, wie wir dies Gemeinwesen am besten einrichten wollen, sollten öffentlich aufeinanderprallen, anstatt sie im Rückgriff auf vermeintlich neutrales

Wissen zu verstecken. Das darf uns aber gerade nicht dazu verleiten, eine scharfe Sphärentrennung zu behaupten zwischen ›der Wissenschaft‹ auf der einen und ›der Politik‹ auf der anderen Seite, zwischen Fakten und Wahrheit hier und Werten und Entscheidungen dort. Wie wir gesehen haben, gehören diese strengen Zweiteilungen, diese Dichotomien, zu jener spontanen Philosophie der Wissenschaften, die jeder realistische Blick auf wissenschaftliche Praktiken sofort widerlegt. Als Ideal führt sie in die Irre – politisch wie epistemisch.

Das lässt sich an der aktuellen Debatte um ›Wissenschaftsfreiheit‹ erkennen und damit eine zweite Konsequenz aus der realistischen Perspektive auf wissenschaftliche Praktiken ziehen. Momentan wird über Wissenschaftsfreiheit in stark verkürzter Weise gestritten, nämlich zumeist unter Ausblendung der Machtbeziehungen in den Wissenschaften und mit eigentümlicher Fixierung auf nur eine Sorte angeblicher Einschränkungen von Wissenschaftsfreiheit. Die in der deutschen Diskussion einschlägigen Beispiele für die sogenannte ›Cancel Culture‹ stellen aufrechte Professor*innen, die sich noch trauen, dem Zeitgeist zuwiderlaufende Behauptungen vorzubringen, einer Masse an Studierenden und ›politisch korrekten‹ Kolleg*innen gegenüber, die eine linksliberale herrschende Meinung eisern durchsetzen würden.

Die Realitätsferne dieser Diagnose wurde und wird zu Recht scharf kritisiert. Dass diese Diagnose empirisch nicht haltbar ist, demonstriert schon der Blick auf die Mehrheitsverhältnisse der politischen Einstellungen unter Hochschullehrer*innen, die nur vom rechten Rand her linksliberal erscheinen. Auch wenn man den Details der immer wieder verwendeten Beispiele nachforscht, wie Adrian Daub dies in *Cancel Culture Transfer* getan hat, zeigt sich, wie unzutreffend die Diagnose ist.[3] Über ihre empirische Unangemessenheit hinaus lassen drei begriffliche Verzerrungen dieser Diagnose erkennen, warum eine realistische Perspektive auf die Wissenschaften dringend benötigt wird: Wissenschaftsfreiheit wird implizit mit Meinungsfreiheit gleichgesetzt, auf ihre individuelle Dimension verkürzt und von den Machtbeziehungen in wissenschaftlichen Praktiken abgespalten. Allen drei Verzerrungen kann die realistische Perspektive etwas entgegensetzen.

Zunächst ist Wissenschaftsfreiheit nicht einfach Meinungsfreiheit; sie ist – jedenfalls in ihrer im Grundgesetz verankerten legalen Form – an die (wenngleich dehnbare) Bedingung gebunden, sich mit eigenen Äußerungen erkennbar an der Suche nach Wahrheit oder zumindest an der Produktion verlässlichen Wissens gemäß anerkannter Standards der jeweiligen Disziplin zu beteiligen.[4] Die eigenen Behauptungen sind nicht schon von Wissenschaftsfreiheit geschützt, nur weil man einen akademischen Titel trägt oder sie in einem Hörsaal verkündet. Jenseits aller weiterer Schranken, an die Wissenschaftsfreiheit stößt,[5] ist ihr Anwendungsbereich bereits durch diese Konditionalisierung enger als Meinungsfreiheit, die auch für grobe Unwahrheiten und wissenschaftlich unhaltbare Verlautbarungen gilt.

Diese Einschränkung ist dehnbar, weil es nicht nur gute, sondern auch schlechte Wissenschaft gibt, und weil die Einschätzung dessen, ob eine Behauptung noch in dieses Spektrum fällt oder die Grenzen der Wissenschaftlichkeit überschreitet, nur von der Wissenschaftsgemeinschaft des jeweiligen Feldes selbst vorgenommen werden kann. Nachdem das klassische Abgrenzungsproblem gescheitert ist, gibt es keinen einfachen Test auf Wissenschaftlichkeit (wie Falsifizierbarkeit) mehr, der von den wissenschaftlichen Praktiken und der Gemeinschaft der Forschenden absehen kann. Die Grenzen der Wissenschaften können nur die Forscher*innen der jeweiligen Disziplinen selbst ziehen. Das ist Fluch und Segen zugleich, da die Standards der Wissenschaftsgemeinschaften nicht nur die Wissenschaftsfreiheit der einzelnen Forscher*innen ermöglichen, sondern diese auch einschränken und behindern. Diese Doppeldeutigkeit der Wissenschaftsgemeinschaft zeigt sich vor allem dann, wenn akzeptierte Erkenntnisse von neuen Methoden oder Forschungsperspektiven herausgefordert werden und die etablierten Wissenschaftler*innen versuchen, diese Herausforderung abzuwehren, indem sie die neuen Perspektiven und Vorgehensweisen als unwissenschaftlich brandmarken.[6] Niemand kann allein bestimmen, was wissenschaftlich ist. Es bedarf der (umkämpften) Anerkennung der eigenen Arbeiten und Aussagen durch die relevante Forschungsgemeinschaft. Wissenschaftsfreiheit darf daher nicht auf ein individuelles Recht verkürzt werden; Wissenschaftler*innen stehen unter ihrem Schutz nur solange, wie sie als Wissenschaftler*innen von ihrer jeweiligen Fachgemeinschaft akzeptiert werden.

Deshalb rücken unausweichlich die Machtbeziehungen in wissenschaftlichen Praktiken in den Blick. Ihre Institutionalisierung und die resultierenden Bedingungen und Einschränkungen haben für jede Diskussion von Wissenschaftsfreiheit zentrale Bedeutung, werden aber derzeit allzu häufig ausgeblendet. Das hat politische Gründe, weil die Debatte um ›Cancel Culture‹ nicht ernsthaft an Wissenschaftsfreiheit interessiert ist. Es hat jedoch auch mit dem idealisierenden Blick auf wissenschaftliche Praktiken zu tun, der Machtbeziehungen in diesen nur als Verzerrung, nicht aber als konstitutive Bedingungen verstehen kann. Aus der realistischen Perspektive gesehen, für die ich plädiert habe, ist es dagegen unerlässlich, die vielfältigen Machtbeziehungen zu berücksichtigen, die sowohl von außen auf wissenschaftliche Praktiken einwirken als auch in ihrem Innern herrschen. Weltweit bedrohen zahlreiche staatliche Handlungen die Wissenschaftsfreiheit von außen, ob man nun an Recep Tayyip Erdogans Verfolgung der Academics for Peace seit 2016 denkt, an Viktor Orbáns Vertreibung der Central European University aus Ungarn 2017 oder die Gesetze zahlreicher US-Bundesstaaten, die das Sprechen über systematischen Rassismus in High Schools, Colleges und Universitäten unter Strafe stellen.[7]

Wissenschaftsfreiheit wird jedoch auch von jenen Machtbeziehungen bedroht, die die gegenwärtige Institutionalisierung von Wissenschaften prägen. Abermals richtet sich der Blick dann jedoch nicht auf vermeintliche Vorfälle von ›Cancel Culture‹, sondern auf drei grundlegende Probleme der Einrichtung wissenschaftlicher Praktiken in Deutschland:

1. Die kompetitive Struktur von Förderung hat inzwischen selbst die Grundausstattung an Universitäten erreicht. Sie wächst sich damit zu einer Gefahr für die Wissenschaftsfreiheit aus, wie Uwe Schimank and Otto Hüther

darlegen, weil sie Wissenschaftler*innen daran hindert, überhaupt zu forschen (da sie stattdessen Drittmittelanträge schreiben müssen und Ideen nicht verfolgen können, die nicht zu den Förderungsbedingungen passen), und weil sie Forschung verbiegt, damit diese am Ende doch noch irgendwie positiv begutachtet wird.[8]

2. Sexismus, Rassismus und Klassismus sind in wissenschaftlichen Praktiken allgegenwärtig und verwehren es den Betroffenen, als vollwertige Mitglieder der Forschungsgemeinschaft anerkannt zu werden. Doch gerade diese Anerkennung wäre die Voraussetzung dafür, dass sie durch die Wissenschaftsfreiheit geschützt würden. Einer exzellenten Dokumentation dieser empörenden Tatsache steht ein eklatanter Mangel an institutionellen Reaktionen gegenüber.[9]
3. Ein Grund dafür liegt im feudalen Personalmodell deutscher Universitäten. Die steile Hierarchie zwischen wenigen Professor*innen, die als einzige standardmäßig unbefristete Stellen innehaben, und den vielen wissenschaftlichen Mitarbeiter*innen, die sich mit befristeten Stellen über Wasser halten müssen, muss als weitere Gefahr für die Wissenschaftsfreiheit gesehen werden, weil sie die Abhängigkeiten verschärft und damit die Macht der Etablierten steigert, ihr Verständnis der disziplinären Normen gegen Alternativen durchzusetzen.[10]

Eine realistische Perspektive auf wissenschaftliche Praktiken richtet also die Diskussion um Wissenschaftsfreiheit deutlich anders aus, weil sie diese nicht von den internen wie externen Machtbeziehungen loslöst. Für einen emanzipativen Begriff wie den der Wissenschaftsfreiheit sind

Fragen von Macht und Herrschaft in den Wissenschaften konstitutiv. Auch um diese Fragen angemessen zu diskutieren, dürfen wir wissenschaftliche Praktiken weder verachten noch idealisieren, sondern müssen sie realistisch betrachten.

Zu dieser Ausgabe

Dieses Buch ist eine Erweiterung und Umarbeitung der Antrittsvorlesung für eine Privatdozentur in Frankfurt am Main, die unter dem Titel »Weder verleugnen noch verherrlichen. Für ein realistisches Verständnis wissenschaftlicher Praktiken« in der Zeitschrift *Leviathan* 50.2 (2022) veröffentlicht wurde.

Die Übersetzungen aller englischsprachigen Zitate im Text stammen vom Autor. Alle Internetadressen wurden zuletzt am 27. März 2023 aufgerufen.

Anmerkungen

Die spontane Philosophie der Wissenschaften

1 Wittgenstein, *Philosophische Untersuchungen*, §593.
2 Fleck, »Zur Krise der ›Wirklichkeit‹«, S. 427.
3 Althusser, *Philosophie und spontane Philosophie der Wissenschaftler*, S. 102.
4 Vgl. Ruse, »Creation-Science Is Not Science«, S. 39–41.
5 Laudan, »Commentary: Science at the Bar – Causes for Concern«, S. 19.

1. Verachten

1 Alternative für Deutschland, »Programm für Deutschland. Das Grundsatzprogramm der Alternative für Deutschland« 2016, (https://www.afd.de/grundsatzprogramm), S. 79.
2 Vgl. für diese Analogie klimafakten.de, »Was sagt die AfD zum Klimawandel? Was sagen andere Parteien? Und was ist der Stand der Wissenschaft? Ein Faktencheck zum Grundsatzprogramm der ›Alternative für Deutschland‹«, (https://www.klimafakten.de/meldung/was-sagt-die-afd-zum-klimawandel-was-sagen-andere-parteien-und-was-ist-der-stand-der), und für die folgenden Korrekturen Washington/Cook, *Climate Change Denial*, S. 20–25 und 47–56.
3 Die Ausführungen zum CO_2-Düngeeffekt finden sich bereits im vierten Sachstandsbericht, der 2016 vorgelegt wurde. Für den aktuellen Stand vgl. IPCC, *Climate Change 2021*, Kapitel 5.4.
4 Diese inzwischen weitverbreitete Einteilung stammt ursprünglich von Hoofnagle/Hoofnagle, »What is Denialism?«. Vgl. auch Washington/Cook, *Climate Change Denial*, S. 12 und S. 43–62. Heute wird sie unter dem Akronym PLURV verbreitet.
5 Vgl. Oreskes/Conway, *Die Machiavellis der Wissenschaft*, zur Strategie des Zweifelschürens und ihrer Geschichte; zu den Akteuren in Deutschland vgl. Götze/Joeres, *Die Klimaschmutzlobby*.

6 Kant, *Die Metaphysik der Sitten*, S. 305.
7 So der Berliner Arzt und Philosoph Marcus Herz, zit. nach: Jütte, »Zur Geschichte der Schutzimpfung«, S. 10.
8 Zu den Debatten um die Einführung der Impfpflicht 1870 und 1910 vgl. Thießen, *Immunisierte Gesellschaft*, S. 42–59, vgl. zu den Verschwörungstheorien Thießen, *Auf Abstand*, S. 129 f.
9 Vgl. Kumkar, *Alternative Fakten*, S. 283; zur Bedeutung von Affekten vgl. Hentschel, »›Das große Erwachen‹. Affekt und Narrativ in der Bewegung gegen die Corona-Maßnahmen«.
10 So die Äußerung einer Studentin auf einer Kundgebung der ›Querdenker‹, zit. nach: Pantenburg [u. a.], »Wissensparallelwelten der ›Querdenker‹«, S. 47. Weitere Belege finden in sich in den anderen Beiträgen des Sammelbandes Reichardt (Hrsg.), *Die Misstrauensgemeinschaft der »Querdenker«*, und in Amlinger/Nachtwey, *Gekränkte Freiheit*, Kap. 7.
11 Karakayalı [u. a.], »Komplex und die Wissenschaft«, S. 15.
12 Von der Behrens, »Zwischen Vertrauensvorschuss und Ernüchterung. Parlamentarische Aufklärungsarbeit aus der Perspektive der vom NSU-Terror Betroffenen«, S. 31 f.
13 Vgl. dazu allgemein Bogner, *Die Epistemisierung des Politischen*.

2. Idealisieren

1 Penders, »Marching for the Myth of Science« sowie Lipphardt, »Kritische Interventionen in den Lebenswissenschaften – (k)eine Aufgabe für die Wissenschaftsgeschichte?«, S. 390.
2 Nassehi, *Die Rolle der Wissenschaften in der modernen Welt*, S. 6.
3 Habermas, *Erkenntnis und Interesse*, S. 9.
4 McIntyre, *Post-Truth*, S. 10.
5 Aristoteles, *Metaphysik*, S. 116 (1011b).
6 Ramsey, »Facts and Propositions«, S. 157.
7 Künne, *Conceptions of Truth*, S. 93.
8 McIntyre, *Post-Truth*, S. 10. Damit steht er nicht allein, vgl. z. B. Hendricks/Vestergaard, *Postfaktisch*.

9 McIntyre, *Post-Truth*, S. 126.
10 Ebd., S. 127.
11 Zorn, *Die Krise des Absoluten*, S. 13.
12 Das Beispiel stammt von Hume aus dessen *An Enquiry Concerning Human Understanding*, S. 99: »Das Brot, das ich früher aß, ernährte mich, d. h., ein Körper mit solchen Sinnesqualitäten war zu jener Zeit mit solchen geheimen Kräften ausgestattet. Folgt daraus aber, dass mich anderes Brot zu anderer Zeit ebenfalls nähren muss und dass gleiche Sinnesqualitäten immer von gleichen geheimen Kräften begleitet sein müssen? Diese Schlussfolgerung scheint in keiner Weise notwendig.«
13 Vgl. Popper, *Science: Conjectures and Refutations*, S. 6–35. ›Bewährung‹ darf dabei nicht als Verifikation verstanden werden, will man nicht Induktion durch die Hintertür wieder einführen.
14 Duhem, *Ziel und Struktur der physikalischen Theorien*, S. 245.
15 Kuhn, *Die Struktur wissenschaftlicher Revolutionen*, S. 157.
16 Ebd., Kap. IV, S. 49–56.
17 Vgl. etwa Lakatos, »Einleitung: Wissenschaft und Pseudowissenschaft«, und Thagard, »Why Astrology is a Pseudoscience«.
18 Vgl. Laudan, »The Demise of the Demarcation Problem«.
19 Vgl. Wittgenstein, *Philosophische Untersuchungen*, §66–§71. Zur Übertragung auf die Wissenschaften vgl. z. B. Dupré, *The Disorder of Things*, S. 221–243.
20 Vgl. Boudry, »Diagnosing Pseudoscience – by Getting Rid of the Demarcation Problem«.
21 Vgl. Gieryn, *The Cultural Boundaries of Science*.
22 Hagner, »Bye-bye Science, Welcome Pseudoscience? Reflexionen über einen beschädigten Status«, S. 34.

3. Ein realistisches Bild wissenschaftlicher Praktiken

1 Vgl. zum Elektron Hacking, *Einführung in die Philosophie der Naturwissenschaften*, S. 143–146, zur Gesellschaft Marchart, *Das unmögliche Objekt*, und zur Kontinentaldrift Hallam, *A Revolution in the Earth Sciences*.

2 Vgl. Kuhn, *Die Struktur wissenschaftlicher Revolutionen*, S. 66–73.

3 Hacking, *Einführung in die Philosophie der Naturwissenschaften*, S. 13, Übersetzung modifiziert.

4 Vgl. ebd., S. 20–22. Die Unterscheidung zwischen Entdeckungs- und Rechtfertigungskontext stammt von Reichenbach, *Erfahrung und Prognose*, S. 3.

5 Kitcher, *Science in a Democratic Society*, S. 31.

6 Vgl. Longino, »Werte, Heuristiken und die Politik des Wissens«, die dort auch alternative Werte im Rahmen ihres »kritischen kontextuellen Empirismus« vorschlägt. Zu den feministischen Interventionen in sexistische und androzentrische Forschungsprogramme vgl. Wylie, »Feminist Philosophy of Science: Standpoint Matters«, S. 47–55.

7 Vgl. Wylie, »The Engendering of Archaeology. Refiguring Feminist Science Studies«, S. 96. Auf Konsistenz mit diesen früheren Theorien zu beharren, würde diesen Ausschluss fortführen.

8 Vgl. Hacking, *Was heißt »soziale Konstruktion«?*, S. 109–146.

9 Ich übernehme diesen Begriff von Rouse, »Beyond Epistemic Sovereignty«.

10 Vgl. zum Folgenden Latour, *Die Hoffnung der Pandora*, S. 96–136.

11 Alle vier Zitate ebd., S. 112 f.

12 »Kreisläufe« nennt Latour sie, weil er insgesamt vom »Blutkreislauf der Wissenschaft« (ebd., S. 96) spricht.

13 Ebd., S. 130.

14 Ebd., S. 85.

15 Vgl. Nagels, *Der Blick von nirgendwo*.

16 Für diese allgemeinen Formulierungen greife ich auf Alcoff, »Epistemologies of Ignorance: Three Types«, S. 42, zurück.

17 Haraway, »Situiertes Wissen«, S. 84.

18 Longino, *Science as Social Knowledge*, S. 69.

4. Wahrheit ohne Alleinherrschaftsanspruch

1 Adorno, *Erkenntnistheorie (1957/58)*, S. 360.
2 Foucault, »Gespräch mit Michel Foucault (Nr. 192)«, S. 210.
3 Detailliert ausgearbeitet in Vogelmann, *Die Wirksamkeit des Wissens*, Kap. 7.
4 Latour, *Die Hoffnung der Pandora*, S. 85.
5 Vgl. dazu Humphreys, *Emergence*, S. 26–35, sowie Stephan, *Emergenz*, S. 32–44.
6 Alcoff, *Real Knowing*, S. 214 f.
7 So z. B. Kitcher, »Darwins Herausforderer. Über Intelligent Design oder: Woran man Pseudowissenschaftler erkennt«, S. 430 f., oder McIntyre, *The Scientific Attitude*, S. 48.
8 Zu dieser Verwendung von »anfechtbar (defeasible)« im Anschluss an H. L. A. Hart vgl. Blöser [u. a.] (Hrsg.), *Defeasibility in Philosophy*.
9 Vgl. Hoyningen-Huene, *Systematicity*, und Cartwright [u. a.], *The Tangle of Science*.
10 Vgl. https://climatechangereconsidered.org/. Das Heartland Institut ist ein bekannter, politischer rechter und von der Ölindustrie finanzierter Think Tank, der sich durch seine Unterstützung von Klimawandelleugner*innen auszeichnet und gute Kontakte zum EIKE in Jena unterhält. Vgl. Plehwe, »Think Tank Networks and the Knowledge-Interest Nexus: The Case of Climate Change«; vgl. auch Moreno [u. a.], »A Stronghold of Climate Change Denialism in Germany: Case Study of the Output and Press Representation of the Think Tank EIKE«.
11 Vgl. dazu Oreskes/Conway, *Die Machiavellis der Wissenschaft*.
12 Vgl. zu der Affäre und der Glaubwürdigkeit des Weltklimarats Leuschner, *Die Glaubwürdigkeit der Wissenschaft*, S. 73–75 und 176–186, sowie kritischer Grundmann, »The Legacy of Climategate: Revitalizing or Undermining Climate Science and Policy?«. Für die Innenperspektive vgl. Mann, *The Hockey Stick and the Climate Wars*, Kap. 14.
13 Goldenberg, *Vaccine Hesitancy*, S. 31.
14 Pantenburg [u. a.], »Wissensparallelwelten der ›Querdenker‹«,

S. 49. Dort finden sich weitere Beispiele dieser Art ›gefühlter Wahrheit‹.

15 Vgl. Oreskes, *Why Trust Science?* S. 104–117.

16 Vgl. de Melo-Martín/Intemann, *The Fight Against Doubt*, Kap. 8–10.

17 Vgl. Mills, »Weißes Nichtwissen«.

18 Vgl. Schulz, »Die Vermittlung transkultureller Wissens in der Aus- und Fortbildung als wesentlicher Baustein gegen individuellen und strukturellen Rassismus in der Polizei«, S. 648.

Keine Reinheitsgebote!

1 Bogner, *Die Epistemisierung des Politischen*, S. 109.

2 Ebd., S. 119.

3 Vgl. Daub, *Cancel Culture Transfer*.

4 Britz, »Kommentierung zu Art. 5 Abs. 3 GG (Wissenschaft)«, Randnummer 19; sowie Gutmann, »Freiheit der Wissenschaft, Freiheit der Meinung«, S. 1–9.

5 Das Grundgesetzt nennt die Treue zur Verfassung in der Lehre; die Rechtsprechung ergänzt, dass kollidierende Rechtsgüter wie Würde, Leib und Leben anderer oder Umwelt- und Tierschutz Grenzen ziehen. Vgl. Britz, »Kommentierung zu Art. 5 Abs. 3 GG (Wissenschaft)«, Randnummer 41 und 50.

6 Wallach Scott, *Knowledge, Power, and Academic Freedom*, S. 24 f.

7 Einen alarmierenden Überblick über solche Gesetze geben die Beiträge im *Journal of Academic Freedom* Nr. 13: unter https://www.aaup.org/reportspubs/journal-academic-freedom/volume-13.

8 Schimank/Hüther, *Forschungsfinanzierung und individuelle Wissenschaftsfreiheit: Balance von sicherer Grundfinanzierung und finanzieller Anreizsteuerung*, S. 28–32.

9 Zu Rassismus an deutschen Universitäten vgl. Thompson, »Rassismus an der Hochschule: Intersektionale Verstrickungen und Möglichkeiten des Abolitionismus«; zu Klassismus vgl. Altieri/Hüttner (Hrsg.), *Klassismus und Wissenschaft. Erfahrungsberich-*

te und Bewältigungsstrategien; zu Sexismus vgl. Magerl [u. a.] (Hrsg.), *Wissenschaft und Gender* oder die Erfahrungsberichte auf https://gender-macht-wissenschaft.de/#vignetten.

10 Bahr [u. a.], *#IchBinHanna. Prekäre Wissenschaft in Deutschland*, S. 63–96.

Literaturhinweise

Adorno, Theodor W.: Erkenntnistheorie (1957/58). Nachgelassene Schriften. Berlin 2018.

Althusser, Louis: Philosophie und spontane Philosophie der Wissenschaftler. Berlin 1985.

Altieri, Riccardo / Hüttner, Bernd (Hrsg.): Klassismus und Wissenschaft. Erfahrungsberichte und Bewältigungsstrategien. Marburg 2021.

Amlinger, Carolin / Nachtwey, Oliver: Gekränkte Freiheit. Aspekte des libertären Autoritarismus. Berlin 2022.

Aristoteles: Metaphysik. Schriften zur Ersten Philosophie. Hrsg. von Franz F. Schwarz. Stuttgart 2023.

Bahr, Amrei [u. a.]: #IchBinHanna. Prekäre Wissenschaft in Deutschland. Berlin 2022.

Behrens, Antonia von der: Zwischen Vertrauensvorschuss und Ernüchterung. Parlamentarische Aufklärungsarbeit aus der Perspektive der vom NSU-Terror Betroffenen. In: Benjamin-Immanuel Hoff [u. a.] (Hrsg.): Rückhaltlose Aufklärung? NSU. NSA. BND – Geheimdienste und Untersuchungsausschüsse zwischen Staatsversagen und Staatswohl. Hamburg 2019. S. 25–43.

Blöser, Claudia [u. a.] (Hrsg.): Defeasibility in Philosophy. Knowledge, Agency, Responsibility, and the Law. Amsterdam 2013.

Bogner, Alexander: Die Epistemisierung des Politischen. Wie die Macht des Wissens die Demokratie gefährdet. Stuttgart 2021.

Boudry, Maarten: Diagnosing Pseudoscience – by Getting Rid of the Demarcation Problem. In: Journal for General Philosophy of Science 53 (2021) S. 83–101.

Cartwright, Nancy [u. a.]: The Tangle of Science. Reliability Beyond Method, Rigour, and Objectivity. Oxford 2022.

Daub, Adrian: Cancel Culture Transfer. Wie eine moralische Panik die Welt erfasst. Berlin 2022.

Duhem, Pierre Maurice Marie: Ziel und Struktur der physikalischen Theorien. Hamburg 1978 [1906].

Dupré, John: The Disorder of Things. Metaphysical Foundations of the Disunity of Science. Cambridge (MA) 1993.

Fleck, Ludwik: Zur Krise der »Wirklichkeit«. In: Naturwissenschaften 17 (1929) S. 425–430.

Foucault, Michel: Gespräch mit Michel Foucault (Nr. 192). In: M. F.: Dits et Écrits III. Frankfurt a. M. 2003 [1977]. S. 186–213.

Gieryn, Thomas F.: The Cultural Boundaries of Science. Credibility on the Line. Chicago/London 1999.

Goldenberg, Maya J.: Vaccine Hesitancy. Public Trust, Expertise, and the War on Science. Pittsburgh (PA) 2021.

Götze, Susanne / Joeres, Annika: Die Klimaschmutzlobby. Wie Politiker und Wirtschaftslenker die Zukunft unseres Planeten verkaufen. München 2020.

Grundmann, Reiner: The Legacy of Climategate: Revitalizing or Undermining Climate Science and Policy?. In: Wiley Interdisciplinary Reviews: Climate Change 3 (2012) S. 281–288.

Gutmann, Thomas: Freiheit der Wissenschaft. Freiheit der Meinung. In: Elif Özmen (Hrsg.): Wissenschaftsfreiheit im Konflikt. Grundlagen, Herausforderungen und Grenzen. Stuttgart 2021. S. 1–9.

Habermas, Jürgen: Erkenntnis und Interesse. Frankfurt a. M. 1973 [1968].

Hacking, Ian: Einführung in die Philosophie der Naturwissenschaften. Stuttgart 1996 [1983].

– Was heißt »soziale Konstruktion«? Zur Konjunktur einer Kampfvokabel in den Wissenschaften. Frankfurt a. M. 1999.

Hagner, Michael: Bye-bye Science, Welcome Pseudoscience? Reflexionen über einen beschädigten Status. In: Dirk Rupnow [u. a.] (Hrsg.): Pseudowissenschaft. Konzeptionen von Nichtwissenschaftlichkeit in der Wissenschaftsgeschichte. Frankfurt a. M. 2008. S. 21–50.

Hallam, Anthony: A Revolution in the Earth Sciences. From Continental Drift to Plate Tectonics. Oxford 1973.

Haraway, Donna J.: Situiertes Wissen. In: D. J. H.: Die Neuerfindung der Natur. Primaten. Cyborgs und Frauen. Frankfurt a. M. / New York 1995 [1988]. S. 73–97.

Hendricks, Vincent F. / Vestergaard, Mads: Postfaktisch. Die neue Wirklichkeit in Zeiten von Bullshit. Fake News und Verschwörungstheorien. München 2017.

Hentschel, Christine: »Das große Erwachen«. Affekt und Narrativ in der Bewegung gegen die Corona-Maßnahmen. In: Leviathan 49 (2021) S. 62–85.
Hoofnagle, Mark / Hoofnagle, Chris Jay: What is Denialism? In: SSRN (2007).
Hoyningen-Huene, Paul: Systematicity. The Nature of Science. Oxford 2013.
Hume, David: An Enquiry Concerning Human Understanding. Eine Untersuchung über den menschlichen Verstand. Hrsg. von Falk Wunderlich. Stuttgart 2016 [1748].
Humphreys, Paul: Emergence. A Philosophical Account. Oxford 2016. S. 26–35.
Jütte, Robert: Zur Geschichte der Schutzimpfung. In: Aus Politik und Zeitgeschichte 70 (2020) S. 9–14.
Kant, Immanuel: Die Metaphysik der Sitten. Hrsg. von Hans Ebeling. Stuttgart 1990.
Karakayalı, Juliane [u. a.]: Der NSU-Komplex und die Wissenschaft. In: J. K. [u. a.] (Hrsg.): Den NSU-Komplex analysieren aktuelle Perspektiven aus der Wissenschaft. Bielefeld 2017. S. 15–36.
Kitcher, Philip: Darwins Herausforderer. Über Intelligent Design oder: Woran man Pseudowissenschaftler erkennt. In: Dirk Rupnow [u. a.] (Hrsg.): Pseudowissenschaft. Konzeptionen von Nichtwissenschaftlichkeit in der Wissenschaftsgeschichte. Frankfurt a. M. 2008. S. 417–450.
– Science in a Democratic Society. Amherst (NY) 2011.
Kuhn, Thomas S.: Die Struktur wissenschaftlicher Revolutionen. Frankfurt a. M. 1991 [1962].
Kumkar, Nils C.: Alternative Fakten. Zur Praxis der kommunikativen Erkenntnisverweigerung. Berlin 2022.
Künne, Wolfgang: Conceptions of Truth. Oxford 2005 [2003].
Lakatos, Imre: Einleitung: Wissenschaft und Pseudowissenschaft. In: I. L.: Die Methodologie der wissenschaftlichen Forschungsprogramme. Philosophische Schriften 1. Braunschweig/Wiesbaden 1982 [1978]. S. 1–6.
Latour, Bruno: Die Hoffnung der Pandora. Untersuchungen zur Wirklichkeit der Wissenschaft. Frankfurt a. M. 2002 [1999].

Laudan, Larry: Commentary: Science at the Bar – Causes for Concern. In: Science. Technology & Human Values 7 (1982) S. 16–19.
– The Demise of the Demarcation Problem. In: Robert S. Cohen / L. L. (Hrsg.): Physics, Philosophy and Psychoanalysis. Essays in Honor of Adolf Grünbaum. Dordrecht/Boston/Lancaster 1983. S. 111–127.
Leuschner, Anna: Die Glaubwürdigkeit der Wissenschaft. Eine wissenschafts- und erkenntnistheoretische Analyse am Beispiel der Klimaforschung. Bielefeld 2012.
Lipphardt, Veronika: Kritische Interventionen in den Lebenswissenschaften – (k)eine Aufgabe für die Wissenschaftsgeschichte?. In: Berichte zur Wissenschaftsgeschichte 41 (2018) S. 387–390.
Longino, Helen E.: Werte. Heuristiken und die Politik des Wissens. In: Gerhard Schurz / Martin Carrier (Hrsg.): Werte in den Wissenschaften. Neue Ansätze zum Werturteilsstreit. Berlin 2013. S. 209–232.
– Science as Social Knowledge. Values and Objectivity in Scientific Inquiry. Princeton 1990.
Magerl, Gottfried [u. a.] (Hrsg.): Wissenschaft und Gender. Wien/ Köln/Weimar 2011.
Mann, Michael E.: The Hockey Stick and the Climate Wars. Dispatches from the Front Lines. New York 2012.
Marchart, Oliver: Das unmögliche Objekt. Eine postfundamentalistische Theorie der Gesellschaft. Berlin 2013.
Martín Alcoff, Linda: Epistemologies of Ignorance: Three Types. In: Shannon Sullivan / Nancy Tuana (Hrsg.): Race and Epistemologies of Ignorance. Albany 2007. S. 39–57.
– Real Knowing. New Versions of the Coherence Theory. Ithaca (NY) 1996.
McIntyre, Lee: Post-Truth. Cambridge (MA) /London 2018.
– The Scientific Attitude: Defending Science from Denial, Fraud, and Pseudoscience. Cambridge (MA) / London 2019.
Melo-Martín, Inmaculada de / Intemann, Kristen: The Fight Against Doubt. How to Bridge the Gap Between Scientists and the Public. New York (NY) 2018.
Mills, Charles W.: Weißes Nichtwissen. In: Kristina Lepold / Marina

Martinez Mateo (Hrsg.): Critical Philosophy of Race. Ein Reader. Berlin 2021 [2007]. S. 180–216.
Moreno, Jose A. [u. a.]: A Stronghold of Climate Change Denialism in Germany: Case Study of the Output and Press Representation of the Think Tank EIKE. In: International Journal of Communication 16 (2022) S. 267–288: https://ijoc.org/index.php/ijoc/article/view/18345/3636).
Nagel, Thomas: Der Blick von nirgendwo. Frankfurt a. M. 1992 [1986].
Nassehi, Armin: Die Rolle der Wissenschaften in der modernen Welt. Berlin 2017. (Beiträge zur Hochschulpolitik. 2.)
Oreskes, Naomi / Conway, Erik M.: Die Machiavellis der Wissenschaft. Das Netzwerk des Leugnens. Weinheim 2014 [2011].
– Why Trust Science? Princeton (NJ) / Oxford 2021.
Pantenburg, Johannes [u. a.]: Wissensparallelwelten der »Querdenker«. In: Sven Reichardt (Hrsg.): Die Misstrauensgemeinschaft der »Querdenker«. Die Corona-Proteste aus kultur- und sozialwissenschaftlicher Perspektive. Frankfurt a. M. / New York 2021. S. 29–65.
Penders, Bart: Marching for the Myth of Science. In: EMBO Reports 18 (2017) S. 1486–1489.
Plehwe, Dieter: Think Tank Networks and the Knowledge-Interest Nexus: The Case of Climate Change. In: Núria Almiron / Jordi Xifra (Hrsg.): Climate Change Denial and Public Relations. London 2019. S. 140–156.
Popper, Karl R.: Science: Conjectures and Refutations. Wissenschaft: Vermutungen und Widerlegungen. Hrsg. von Claus Beisbart. Stuttgart 2022 [1963].
Ramsey, Frank P.: Facts and Propositions. In: Proceedings of the Aristotelian Society. Supplementary Volume VII (1927) S. 153–170.
Reichenbach, Hans: Erfahrung und Prognose. Eine Analyse der Grundlagen und der Struktur der Erkenntnis. In: H. R.: Gesammelte Werke. Bd. 4. Wiesbaden 1983 [1938]. S. 1–253.
Rouse, Joseph: Beyond Epistemic Sovereignty. In: Peter Galison / David Stump (Hrsg.): The Disunity of Science. Boundaries, Contexts, Power. Stanford 1996. S. 398–416.
Ruse, Michael: Creation-Science Is Not Science. In: Martin Curd /

Jan A. Cover (Hrsg.): Philosophy of Science. The Central Issues. New York / London 1998 [1982]. S. 38–47.

Schimank, Uwe / Hüther, Otto: Forschungsfinanzierung und individuelle Wissenschaftsfreiheit: Balance von sicherer Grundfinanzierung und finanzieller Anreizsteuerung. Berlin 2022.

Schulz, André: Die Vermittlung transkulturellen Wissens in der Aus- und Fortbildung als wesentlicher Baustein gegen individuellen und strukturellen Rassismus in der Polizei. In: Daniela Hunold / Tobias Singelnstein (Hrsg.): Rassismus in der Polizei: Eine wissenschaftliche Bestandsaufnahme. Wiesbaden 2022. S. 647–667.

Stephan, Achim: Emergenz. Von der Unvorhersagbarkeit zur Selbstorganisation. Paderborn 2005 [1999].

Thagard, Paul R.: Why Astrology is a Pseudoscience. In: Proceedings of the Biennial Meeting of the Philosophy of Science Association (1978) S. 223–234.

Thießen, Malte: Auf Abstand. Eine Gesellschaftsgeschichte der Coronapandemie. Frankfurt a. M. / New York 2021. S. 129 f.

– Immunisierte Gesellschaft. Impfen in Deutschland im 19. und 20. Jahrhundert. Göttingen 2017. S. 42–59.

Thompson, Vanessa E.: Rassismus an der Hochschule: Intersektionale Verstrickungen und Möglichkeiten des Abolitionismus. In: Dankwa, Serena [u. a.] (Hrsg.): Bildung.Macht.Diversität. Bielefeld 2021. S. 131–150.

Vogelmann, Frieder: Die Wirksamkeit des Wissens. Eine politische Epistemologie. Berlin 2022.

Wallach Scott, Joan: Knowledge, Power, and Academic Freedom. New York 2019.

Wittgenstein, Ludwig: Philosophische Untersuchungen. Werkausgabe. Bd. 1. Frankfurt a. M. 2000 [1953].

Wylie, Alison: Feminist Philosophy of Science: Standpoint Matters. In: Proceedings and Addresses of the American Philosophical Association 86 (2012) S. 47–76.

– The Engendering of Archaeology. Refiguring Feminist Science Studies. In: Osiris 12 (1997) S. 80–99.

Zorn, Daniel-Pascal: Die Krise des Absoluten. Was die Postmoderne hätte sein können. Stuttgart 2022.

Zum Autor

Frieder Vogelmann, geb. 1981, ist Professor für Epistemology and Theory of Science am University College Freiburg der Albert-Ludwigs-Universität Freiburg.

Zu seinen wichtigsten Buchveröffentlichungen zählen:

Die Wirksamkeit des Wissens. Eine politische Epistemologie. Berlin 2022.

Im Bann der Verantwortung. Frankfurt a. M. 2014. (Frankfurter Beiträge zur Soziologie und Sozialphilosophie. 20.)